Materialienband 6
Facetten feministischer Theoriebildung

GENEALOGIE UND TRADITIONEN

Vorwort	3
Luce Irigaray	
Das vergessene Geheimnis weiblicher Genealogien	5
Edith Seifert	
Zur Frage der psychischen Geschlechtsgenealogie	25
Marianne Schuller	
Wie entsteht weibliche Freiheit?	35
Alexandra Pätzold	
An der Grenze von Physis und Metaphysik	49
Eva Meyer	
Die Autobiographie der Schrift	67
Gerburg Treusch-Dieter	
Das Kästchenproblem. Zum Psyche-Mythos bei Freud.	81
Über die Autorinnen	101
Die Reihe 'Materialienband' - Inhalt der Bände 1-5	102
Abonnement- und Bestell-Vordruck	103

Herausgegeben von: Verein Sozialwissenschaftliche Forschung und Bildung für Frauen -SFBF- e.V., Hamburger Allee 45, 6000 Frankfurt a.M. 90. Tel.: 069-772659
ISBN-Nr.: 3-926932-06-6
Verlag: Selbstverlag
Copyright: bei den Autorinnen (soweit nicht anders angegeben)
Umschlaggestaltung: Charly Steiger
Druck: Zypresse, Frankfurt a.M.

Vorwort

Die Vorträge, die wir mit dem vorliegenden Band zur Diskussion stellen, wurden im September 1989 anläßlich der Frauen-Sommer-Woche in der Frankfurter Frauenschule gehalten. Diese Woche mit dem Titel 'Genealogie und Traditionen' sollte die Frage stellen, welche Wünsche Frauen verbinden mit einer eigenen Einschreibung in die Geschichte und dem Versuch, eine eigene weibliche Genealogie aufzustellen. Was begründet diese Suche nach einer weiblichen Identität hinter der offiziellen Geschichtsschreibung, in der Kritik am männlichen Diskurs über die Geschichte? Sicherlich wird damit die Frage berührt, ob es einen eigenen weiblichen Ursprung gibt oder Vorbilder in der Geschichte, wo es schon einmal gelungen wäre, eine vollendete Repräsentation des Weiblichen zu erreichen.
Dieser Wunsch scheint seine Dynamik, seine Dringlichkeit zu beziehen aus dem Gefühl des gegenwärtigen Mangels, ohne Ort, ohne Sprache, ohne eigenes symbolisches Bezugssystem und ohne Verankerung im Imaginären zu sein.-
Aus dieser Gegenwart entsteht der Wunsch/die Hoffnung, durch einen identifikatorischen Akt ein Sich-Wiedererkennen in der Geschichte zu bewerkstelligen.
So verständlich und legitim dieser Wunsch ist, birgt er doch die Gefahr der Verkennung in sich, als könnte man mit einer historischen Konstruktion schon den Mangel zum Verschwinden bringen, mit

dieser weiblichen Geschichtskonstruktion ein Medium der Einheitsstiftung der individuellen und kollektiven Subjektivität schaffen. So sind denn auch die Vorträge von dieser Doppeldeutigkeit durchzogen: sie bieten verschiedene Ansätze der Geschichtsinterpretation an und reflektieren gleichzeitig deren Begrenztheit.

Noch ein Wort zur Reihe Materialienband:
Die ersten 4 Bände stellen 14 Aufsätze verschiedener Autorinnen vor, die jeweils als Vorträge in der Frankfurter Frauenschule gehalten wurden (s. das Verzeichnis auf S. 102).
In Band 5 erschienen als Vorbereitung zur italienisch-deutschen Tagung "Wie weibliche Freiheit entsteht" vom November 1989 drei Vorträge von Luisa Muraro: Weibliche Genealogie und Geschlechterdifferenz.
In Band 7 (in Vorbereitung) werden Vorträge aus der Tagung "Prägende Weiblichkeitsentwürfe des Nationalsozialismus" vom März 1988 und der Nachfolge-Tagung "Nationalismus" im März 1989 veröffentlicht.
Ebenfalls in Vorbereitung ist ein Band, in dem eine Studie über die Arbeit der Frankfurter Frauenschule bzw. über Autonome Frauen-Bildungsarbeit vorgestellt wird: Über weibliches Begehren, sexuelle Differenz und den Mangel im herrschenden Diskurs.

Frankfurt a.M., März 1990
Die Herausgeberinnen

Luce Irigaray
Das vergessene Geheimnis weiblicher Genealogien*

In manchen sehr alten, aber reich entwickelten Traditionen weiht die Frau den Mann in das Liebesleben ein. Diese Initiation bedeutet nicht etwa die Aufbietung gesammelter Kunstgriffe zur Erweckung einer elementaren Lust beim Manne, sie entspricht nicht jener weiblichen Verführung, die von den gröbsten männlichen Trieben festgelegt wird. Solche Vorgehensweisen sind nur ärmliche Reste der weiblichen Rolle in der Liebe. Der heutige pornographische Kommerz möchte uns glauben machen, daß sich die Erotik darauf reduziert, daß wir menschliche Wesen zu nichts anderem in der Lage sind. Die Erotik wäre für uns eine Droge, Selbstvergessenheit, Preisgabe der Frauen an männliche Pulsionen, "kleiner Tod" für die Menschen, Zerfall, Versinken im Nichts etc.

Dieses Schema des Liebens wird noch von Freud als das einzig mögliche betrachtet und zur Theorie erhoben. Und die intelligentesten Männer unserer Epoche - manchmal auch die Frauen - erhalten aufrecht, daß Eros gleich Chaos, Nacht, Roheit, Mangel und Nichts ist, aber daß wir uns dem Eros beugen müssen, um unsere Spannungen abzuleiten, uns zu entladen, "abzuladen", um zur Ruhe zurückzukehren.

Armer Eros! Arme Liebe! Um so mehr, als die gegenwärtige Kultur sich nicht einmal mehr vorstellt, daß sie sich täuscht und an diesem Punkt eine Evolution möglich sein könnte. Das soll Eros sein, und was davon abweicht, ist "Agape" (das Liebesmahl), die Liebe ohne

Eros. Etwa so verstanden: Wenn sie nicht fehlgehen oder "sündigen" wollen, dann enthalten sie sich sexueller Praktiken. Wenn sie den Zerfall akzeptieren, können sie ihn verdecken oder zurückkaufen, indem sie ihn für die Fortpflanzung nutzbar machen.
Wer sind wir geworden, um so arm in der Liebe zu sein? Was uns an jeglicher Art pornographischer und theologischer Kompliziertheiten nicht etwa hindert. Wir sind eingeschlechtlich geworden. Dies soll aussagen, daß wir zum Chaos zurückgekehrt sind, das einer personellen Differenzierung vorangeht, und daß der Erotismus hierbei einer Art von blindem, quasi permanentem Trieb entspricht, unfähig, sich gestaltend hervorzuheben oder sich einzufügen, und außerhalb der Fortpflanzung Form anzunehmen oder Form zu geben.
Wir sind zu einem primitivem Chaos zurückgekehrt, das gemäß unserer Mythologie maskulin-neutral ist. Das einzige, was uns ermöglicht, aus diesem undifferenzierten Abgrund aufzutauchen, ist die Offenbarung unserer selbst in den Kindern, die wir erzeugen. Unsere Reize, unsere Lieben, unsere Umarmungen wären wieder chaotisch geworden, diesseits der Individuation, undefiniert im Hinblick auf unsere menschliche Erscheinung. Wir wären hier weder Männer noch Frauen, weil eben noch nicht Männer und Frauen, immer noch in der Tiefe eines undifferenziert Menschlichen, dem maskulinen Pol eines ziemlich archaischen Eros. Beschreibt Freud nicht genau so die Libido? Maskulin oder bestenfalls neutral, also mit dem primitiven Chaos verwandt, das der Definition von Personen vorausgeht, besonders in bezug auf ihre geschlechtliche Zugehörigkeit.
In dieser Epoche, einer historisch und/oder mythisch noch aktuellen Epoche, drängt Eros nur zur Paarung, um seine Nachkommen zu vermehren und darin deutlichere Formen erscheinen zu lassen. Eros drängt zur Paarung von neutralem Chaos und der Erde-Gaia, damit diese Nachkommen hervorbringen, in denen sie ihre eigenen Formen entdecken können.
Die ersten Nachkommen, die aus dem maskulinen Chaos stammen, werden Erebos und die Nacht sein, sodann der Äther und der Tag, zuerst als Raum und hinterher als Zeit. Auf der Seite von Gaia sind die ersten Nachkommen Uranos, der Himmel, und Pontos, die

Meere, die sie begrenzen und als Erde definieren, als weiblichen Pol und in Beziehung auf wen oder was sie Kinder hervorbringt. Indem Eros sexuell noch wenig differenzierte Einheiten zur Paarung drängt - wie Chaos und Gaia - führt er sie dazu, geschlechtliche Wesen auf die Welt zu bringen. So erscheint die sexuelle Differenz in den ausgetragenen Kindern. Aber der maskuline Pol der ersten Paarungen verweigert die Geburt seiner Kinder, weil sie verhindern, daß er der einzige Liebhaber der Erde ist. Er fordert, daß sie im Bauch ihrer Mutter gemacht werden, was für sie großes Leiden nach sich zieht. Deshalb entmannt ihr jüngster Sohn den unersättlichen Liebhaber und mörderischen Vater. Er vollbringt diese Handlung sogar vom Inneren des Körpers seiner Mutter aus, als sich Uranos diesem nähert. Das Blut dieser Kastration tropft auf die Erde, und daraus werden die Erinnyen, die Giganten und die Meliai oder Eschennymphen geboren. Das Sperma schwimmt an der Oberfläche des Wassers, nachdem der Sohn das Geschlechtsteil ins Meer geworfen hat. Aus diesem Schaum wird Aphrodite geboren. Sie wird ein wenig nach Art und Weise der Fische empfangen: außerhalb des Mutterleibs und ohne Paarung. Nach Hesiod wurde Aphrodite also im Ozean durch das Sperma des Uranos empfangen oder durch Zeus und Dione, gemäß anderer Versionen, besonders der von Homer überlieferten. Dione, eine wenig bekannte Gottheit, hat die Aufgabe, Aphrodite gemeinsam mit Zeus hervorzubringen, dessen weibliches Gegenstück sie ist. Dione bedeutet Göttin.

Aphrodite wäre also, gemäß einer älteren und kosmogonischeren Tradition, Tochter des mit dem göttlichen Sperma des Uranos (dem Himmel) befruchteten Ozeans, außerhalb einer personalisierten Paarung. Sie wäre also Tochter kosmischer Pole, gezeugt durch Gaia, empfangen und ausgetragen im flüssigen Element des Universums außerhalb des menschlichen Körpers.

Mythen sind nicht eindeutig oder zeitlos, wie gesagt wird. Auch Aphrodite wird, wie alle großen Götter der Antike, auf unterschiedliche Weisen dargestellt. Eine der Kosmogonie von Hesiod nachfolgende Version (was nicht notwendig bedeutet, daß sie nachher geschrieben ist, selbst wenn ihre Bedeutung sich später ansiedelt, im Hinblick auf das menschliche Auftreten in der Welt), erklärt die Ge-

burt Aphrodites als die einer von Gott und Göttin gezeugten Tochter. Sie würde ein vielleicht einzigartiges Phänomen in unserer Kultur darstellen.
Aphrodite nimmt so einen sehr besonderen Platz ein zwischen Natur, Göttern und menschlicher Offenbarung. Sie stellt die Verkörperung der Liebe dar, schon geschlechtlich in ihren Formen - Mann und Frau - aber dem Kosmos noch nahestehend. Das Auftauchen dieser menschlichen Liebe findet in einer Frau statt. Im Gegensatz zu dem, was im allgemeinen gesagt oder geglaubt wird, ist Aphrodite keine Figur oder Göttin, die zur sexuellen Ausschweifung anreizt, sondern sie offenbart die mögliche Vergeistigung der Pulsionen und blinden Triebe durch die Zärtlichkeit, die Zuneigung (vgl. Hesiod. Theogonie, 205-206, z.B.). Diese Qualitäten der Liebe stehen dem körperlichen Akt nicht entgegen, ganz im Gegenteil. Sie geben diesem seine menschliche Dimension. Im Griechischen wird die spezifische Eigenschaft von Aphrodite als "Philotès" bezeichnet: die Zärtlichkeit. Es handelt sich nicht um "Agape" (das Liebesmahl) ohne Eros, sondern um die Vereinigung der beiden in einer sowohl leiblichen als auch spirituellen Liebe.
Diese Bestimmung der Liebe erfordert eine klare Unterscheidung der Geschlechter, daß Distanz sie trenne und sie auch vom Kosmos abhebe, daß sie nicht auf eine ständige Kopulation reduziert seien und auch nicht auf eine Paarung, die nur auf Zeugung aus ist.
Aphrodite ist - in ihrer Epoche - die Verkörperung einer Liebe, die Freiheit und menschliches Begehren wird. Diese Verkörperung ist weiblich, und sie stellt quasi das Gegenteil der verführerischen Eva dar. Aphrodite ist die Ankunft des Geistes im Körper, insbesondere zwischen den Geschlechtern, dank der weiblichen Zärtlichkeit ("philotès") dieser Göttin.
Dies setzt gewiß voraus, daß die Frau in ihren Gesten und Worten frei ist und daß sie diese Freiheit einsetzt, um unsere menschlichen Körper zu verehren und nicht, um sie in einen rohen oder undifferenziert elementaren Zustand zurückzubringen. Diese Erhebung der Liebe zur menschlichen und göttlichen Identität ist, von der Genese unserer Kultur aus gesehen, eine Angelegenheit der Frau. Und wenn sich die Frauen davon entfernen und ihrer beraubt

sind, wenn ihre Göttlichkeit als Liebhaberinnen vergessen ist, wird die Liebe wieder zum Trieb am Rande des Tierischen oder des Todes.

Die Zerstörung oder das Vergessen der "philotès" in der Liebe führt eine Art von primitivem Chaos wieder ein, dessen Agent der mehr oder weniger neutrale männliche Trieb ist oder ein Jenseits der Menschwerdung, Umkehrung oder Verkehrung des primitiven Chaos in einen einzigen männlichen Gott, der uns die Göttlichkeit der Liebe zwischen Mann und Frau nicht mehr lehrt.

Diese Verweisung, Verschiebung oder Verrückung des Chaos in ein Jenseits, ohne zureichende Sublimierung der Liebe zwischen den Menschen, läßt uns ohne Gesetz, was die Differenz der Geschlechter anbelangt und den Respekt vor der Natur als Mikro- und Makrokosmos. Damit wird die Fortpflanzung sowohl als Ausweg aus dem Chaos notwendig, als auch als zeitweilige Unterbrechung eines fortwährenden Koitus.

Aus einer solchen Perspektive ist es möglich zu verstehen, daß die Liebe als Fehler erscheint. Sie zerstört in der Tat die menschliche Identität. Sie vernichtet den Körper und den Geist durch den Trieb einer ständigen und undifferenzierten Paarung, ohne Ruhe noch Aufschub, ohne Intelligenz und Schönheit, ohne Achtung des lebendig Menschlichen, ohne dessen angemessene Verehrung. In der Unaufhörlichkeit dieser Pulsion sind sogar die Rhythmen des natürlichen Wachstums abgeschafft - und besonders die Geburt -, denn sie wird dem imperialistischen Maskulin-Neutrum angepaßt, das der Raum-Zeit des irdischen Lebens entwurzelt ist.

Von diesem primitivem Chaos sind wir heute nicht weit entfernt. Und die Theorien von Freud zeigen dies einerseits auf, andererseits unterstützen sie es aber auch. Gemäß Freud steht die Libido in der Tat diesen männlichen oder neutralen Trieben nahe, entsprechend dem, was uns die Geschichte des Mythos (die Geschichte in Form des Mythos?) als die sexuelle Äußerungsform des primitiven maskulinen Pols beschreibt: Uranos. Gewiß, die Partialtriebe wären für die Sublimierung geeignet. Das soll zum Beispiel heißen, daß wir Theater spielen können, um unsere exhibitionistischen oder voyeuristischen Strebungen zu transformieren. Aber nichts würde uns erlauben, unsere genitalen Pulsionen zu sublimieren, diejenigen, die im eigentlichen Sinne der sexuellen Differenz entsprechen. Die Fortpflanzung wäre die Aufrechterhaltung eines Heilmittels gegen das primitive, immer präsente Chaos - aber in eine religiöse oder zivile Pflicht übersetzt.

Dieses Chaos könnte sich zum Lebenstrieb ernennen, als Reiz ohne Bezug zur Individuation der Personen, männlicher oder neutraler Reiz, ohne Zweifel von dem Wunsch nach ausschließlichem Besitz der Fruchtbarkeit dieses Ortes, um die eigene Vitalität zu erhalten. Sogar die positivste Liebe bliebe die Lust, auf all das zu regredieren, was ohne Respekt für Körper und Geschlecht einfach erzeugt. Die negativste Liebe würde dem Bedürfnis nach Zerstörung entsprechen, einschließlich ihrer selbst, einschließlich des Lebens und derjenigen, die es gegeben hat, durch Zerstörung jeglichen Zusammenhangs. Dies würde einer Reduktion jeder Einheit auf ihre kleinsten Atome gleichkommen, ohne mögliche Rückkehr zu einem Ganzen.

Gewiß, das Negative der Todestriebe ist leicht zu erkennen. Was wenig hervorgehoben, ja blind angegriffen wurde, das ist die in den Lebenstrieben selbst stattfindende Destruktion, insofern sie den anderen nicht respektieren, und besonders den anderen der sexuellen Differenz. Wenn Freud sein Leben mit einem so großen Pessimismus über die Zukunft der Kultur beendet, wenn die Psychoanalyse sehr problematische Effekte in den privaten und kollektiven Beziehungen hervorgebracht hat, dann im Grunde deshalb, weil Freud nur von der archaischen männlichen Sexualität spricht. Und dies bedeutet, sich an das Chaos eines primitiven Wunsches vor jeder menschlichen Verkörperung zu halten, wenn man nur von *einem* Pol der sexuellen Differenz ausgeht.

Der Mann bei Freud ähnelt dem Uranos der griechischen Mythologie, der kein anderes Bestreben hat, als unaufhörlich den Inzest zu praktizieren, und der aus dieser Paarung kein Kind möchte - und zwar nicht aus Tugend, sondern aus Eifersucht -, weil seine Kinder die Unübersehbarkeit seiner Macht und die Grenzenlosigkeit seiner Reize einschränken würden. Der Abgrund entspricht hier also nicht dem weiblichen Geschlecht, sondern dem Mangel an Rhythmus und Harmonie des männlichen Begehrens, das vor allem jede Offenbarung der Geschlechterdifferenz verwehrt, um sich die Fruchtbarkeit des mütterlichen Körpers anzueignen. Von Eros gedrängt, versenkt sich der Mann im Chaos, weil er sich weigert, Liebe *mit* jemand anderem zu machen, in der Liebe *zu zweit* zu sein und mit Zärtlichkeit und Respekt die sexuelle Anziehung zu leben. Die männliche Sexualität hat eine menschliche Individuierung erneut zunichte gemacht, insbesondere, indem die Verantwortung für den Eros dem Mann und nicht der Frau anvertraut wurde. Die geläufigste Form der Sexualität im Abendland - von Freud beschrieben, von den geistlichen Autoritäten untersagt und gerügt, aber von den Medien und Publizisten ohne die geringste Sorge um Personen gefördert und auch ohne die geringste zivile Reglementierung bleibend - entspricht einer elementaren männlichen Sexualität, die sozusagen unwiderstehlich und der Reproduktion der Gattung nützlich ist, eine Sexualität, die die "philotès", die Zärtlichkeit der Aphrodite, zerstört hat.

Es wird heute eingeräumt, daß es der Mann ist, der die Frau in das Liebesleben einweiht, und daß er dies ohne Bildung und Kultur machen kann, gerade so, als sei er deshalb in der Liebe wissend, weil er ein Mann ist. Allermeistens wird die Frau nicht gerade in vieles initiiert, außer in eine Lust, die sich die Gesellschaft anstrengt, ihr außerhalb des Mannes zu untersagen, um sie eben zu dessen Kult heranzuziehen. Die durch den Liebhaber aufgedeckte Lust wird männlichen Trieben und Instinkten gezollt, für die es oft schwierig auszumachen ist, was sie an Menschlichem bewahren. (Außer vielleicht dem dunklen Bedürfnis des Mannes, auf die Mutterbrust zu regredieren, wenn dies als menschlich zu verstehen ist.) Der Mann-Liebhaber zieht die Frau auf diese Weise in ein Selbstvergessen, in den Verlust ihrer selbst, auch dann noch, wenn dieser Verlust manchmal einen gewissen Genuß verschafft. Ich möchte damit sagen, daß die Einführung in die Liebe nichts sehr Subtiles oder Spirituelles mehr hat (abgesehen von sehr seltenen Ausnahmen) und daß hier keine Rücksicht genommen wird auf die verschiedenen Qualitäten der weiblichen und männlichen Sexualität, damit sich deren Verkörperung entfalten kann. Es wird eingeräumt, daß Eros die

Identität zerstört, sie nicht etwa vollendet. Dies läuft immer darauf hinaus, daß auf eine Wunschökonomie regrediert wird, die der Geburt von Aphrodite vorausgeht: auf eben diesen Wunsch, der von der Liebe getrennt ist, wie uns die Psychoanalytiker zum Beispiel lehren.

Der Weg gegenseitiger Liebe zwischen Personen ist insbesondere in Bezug auf die Erotik verloren. Und diese, anstatt der Individuation zu dienen, der Hervorbringung oder Wiederherstellung menschlicher Formen, dient der Zerstörung oder dem Identitätsverlust in der Verschmelzung und der Rückkehr zum tiefsten und immer gleichen Spannungsniveau, ohne Werden und Wachstum. Eros könnte nur zu einer Art Nullgrad zurückkehren, einer Art von Gleichgewichtspunkt für den Mann; für eine positive diesseitige Zukunft wäre er nicht empfänglich.

Diese Konzeption der Liebe hat die Frau in ein Selbstvergessen hineingezogen, in die kindliche oder sklavische Unterwerfung unter die männliche Sexualität und in den Sachverhalt, daß sie sich über ihr Ausgesetztsein und das Exil ihrer selbst mit der Mutterschaft hinwegtröstet. Diese Mutterschaft - von den geistigen Oberhäuptern als das einzig wertvolle Schicksal der Frauen gefördert - bedeutet häufig, die patriarchale Genealogie zu verewigen, indem Kinder für den Mann, für den Staat, für die kulturelle männliche Macht auf die Welt gebracht werden. Für Frauen stellt die Mutterschaft - auf verborgene Weise - das einzige Hilfsmittel gegen ihr Ausgesetztsein und den Verlust dar, der ihnen mit den Liebesverhältnissen innerhalb patriarchaler Normen auferlegt wird, und auch einen Weg, um mit der Mutter und anderen Frauen wiederanzuknüpfen.

Wie sind wir dorthin gekommen, wir alle und besonders wir Frauen? Ein irreführender Punkt unserer Entwicklung als Frauen befindet sich in der Störung und dem Auslöschen der Beziehungen zu unserer Mutter und dem Zwang, uns den Gesetzen der Welt "zwischen-Männern" zu unterwerfen. Die Zerstörung weiblicher Genealogie, besonders in ihrer göttlichen Dimension, stellt sich auf verschiedene Weise in griechischen Mythen und Tragödien dar. Von der Mutter Aphrodites wird nicht mehr gesprochen, Hera hätte sie ersetzt. Und Zeus bleibt der Gott mit den vielen Geliebten, aber ohne weibliche Entsprechung. Die Göttin Aphrodite hat also in gewisser Weise ihre Mutter verloren. Iphigenie wird von ihrer Mutter getrennt, um als Sühneopfer im trojanischen Krieg dargebracht zu werden. Wenn das Orakel ursprünglich von Mutter zu Tochter übertragen wurde, so wird es seit Apollo häufig vom delphischen Orakel angeeignet, das zwar Pythia noch einen Platz einräumt, aber nicht der Mutter-Tochter-Beziehung. Antigones Glaube, ihre Treue gegenüber der mütterlichen Genealogie und ihrer Gesetze, werden durch den Tyrann Kreon, ihrem Onkel, mit dem Tode bestraft, zwecks Machtsicherung in der Stadt. Das Alte Testament spricht uns von keinem einzigen glücklichen Mutter-Tochter-Paar, und Eva kommt ohne Mutter auf die Welt. Wenn wir die Mutter Marias kennen - Anna -, so stellt uns das Neue Testament niemals beide zusammen vor, auch nicht bei der Empfängnis Jesu. Maria wird Elisabeth grüßen und nicht Anna, wenn nicht etwa Elisabeth Anna ist, gemäß der Interpretation von Leonardo da Vinci. Die Entfernung Marias von ihrer Mutter um einer Hochzeit willen mit dem Herrn, ist jener Tradition angemessener, die nun schon seit einigen Jahrhunderten auftritt.

Das schönste Beispiel des Werdens einer Mutter-Tochter-Beziehung wird uns in den Mythen und Riten im Umkreis von Demeter und Kore erläutert. Ich stelle mir vor, daß Sie diese Mythen ein bißchen kennen. (Sie wohnen an einem Ort, der ihre Spuren und Erinnerung bewahrt.) Wie fast immer, so haben auch diese Mythen verschiedene Versionen. Dies bedeutet, daß sie in verschiedenen Epochen und in verschiedenen Regionen aufgetaucht sind.

Die Mehrzahl der alten griechischen Mythen haben eine asiatische oder auch eine unbekannte Herkunft. Ebenso steht es mit jenen, die Aphrodite, Demeter und Kore-Persephone betreffen.

Ihre Evolution muß als Folge von Wanderungen in verschiedene Gebiete verstanden werden, denen sie sich mehr oder weniger gut anpassen, und auch als Folge geschichtlicher Entwicklungen. Denn der Mythos entspricht keiner von der GESCHICHTE unabhängigen Geschichte, sondern drückt diese in bilderreichen Erzählungen aus, die die großen Tendenzen einer Epoche zusammenfassen. Dieser Ausdruck von Zeitlichkeit der Geschichte ist dem Faktum verpflichtet, daß das Wort und die Kunst zu jener Zeit nicht getrennt waren. Aus diesem Grund behielten sie einen besonderen Bezug zum Raum, zur Zeit und zur Offenbarung von Formen der Menschwerdung. Der mythische Ausdruck von Geschichte kommt den femininen und matrilinearen Traditionen sehr entgegen.

In den Mythen, die die Mutter-Tochter-Beziehung betreffen und in den Mythen bezüglich der Göttin-Geliebten oder den Götterpaaren ist die Erzählung, die Darstellung oder Interpretation mehr oder weniger durch die patriarchale Kultur maskiert oder verstellt, die im Begriff war sich einzurichten. Diese Kultur hat - vielleicht aus Ignoranz oder Unbewußtheit - die Spuren einer vorhergehenden oder ihr auch gleichzeitigen Kultur ausgelöscht. Auf diese Weise sind viele Skulpturen zerstört worden oder im Boden verschwunden, Riten wurden aus der Tradition gestrichen oder wurden in patriarchale Riten transformiert, Mythen und Geheimnisse sind im patriarchalen Horizont oder einfach als Vorgeschichte seiner Entstehung interpretiert worden.

Ebenso verhält es sich mit den Mythen bezüglich Demeter und Kore-Persephone. Mir scheint, daß es mindestens zwei verschiedene Versionen gibt. In einer Version wird Demeters Tochter vom Gott des Schattens, des Nebels und der Hölle entführt und sodann gegen ihren Willen verführt, damit sie endgültig nicht mehr zu ihrer Mutter zurückkehren kann. Bei ihrer ersten Entführung durch Hades - von Homer auch Erebos oder Aidoneus genannt - schaut sie mit anderen jungen Mädchen Frühlingsblumen an, und in dem Moment, als sie den Arm nach einer Narzisse ausstreckt, klafft die Erde auf, und der Prinz der Hölle nimmt sie mit sich. Er hat sie noch nicht zu seiner Frau gemacht, als Hermes, Bote des Zeus, kommt, um sie auf Bitte von Demeter zurückzuholen, ihrer Mutter, die aus Kummer die Erde unfruchtbar gemacht hat. Der Gott der Hölle muß gehorchen, aber er macht Persephone ein vergiftetes Geschenk im Rükken von Hermes: er bringt sie dazu, Granatapfelkerne zu essen. Aber wer ein Geschenk des Prinzen der Hölle akzeptiert hat, ist damit seine Geisel geworden.

Diese Version entstammt dem Epos von Homer. In späteren Versionen oder Interpretationen wird Kore-Persephone mehr oder weniger für ihr Schicksal verantwortlich gemacht. Sie wird mit der verführerischen Eva in Zusammenhang gebracht, die den Mann ins Verderben zieht. Mit der ursprünglichen Version ist dies jedoch nicht zu vereinbaren.

Jedoch ist die Geschichte von Demeter und Kore-Persephone so schrecklich und so exemplarisch, daß zu verstehen ist, warum die patriarchale Epoche die Verantwortung für diese Verbrechen auf die verführerische Frau übertragen wollte. Der einzige Fehler von Kore-Persephone wäre gewesen, den Arm auszustrecken, um eine Narzisse zu pflücken. Gewiß ist es vorzuziehen, Blumen mit den Wurzeln in der Erde zu lassen, anstatt sie zu pflücken. Aber muß eine Blume pflücken als Bestrafung eine Fahrt in die Hölle nach sich ziehen, selbst wenn diese Blume eine wunderbare Narzisse ist?

Was auch immer die Gründe sind, die vorgebracht werden, um Kore-Persephone zu beschuldigen, so ist es offensichtlich, daß der Himmel sich zwischen Göttern-Männern abspielt. Jupiter, Poseidon und Hades müssen sich den Himmel, die Meere und die unterirdische Welt aufteilen. Die Episode der Entführung von Kore-Persephone betrifft einen Machtkonflikt zwischen Zeus und Hades, zwei Brüder unterschiedlicher Herkunft, die sich wegen ihrer genealogischen Zugehörigkeit weder begegnen noch ertragen können. Zeus ist ein Nachkomme von Gaia, Hades ein Nachkomme des Chaos. Zeus ist ein Kind des weiblichen Pols, als einer der ersten Söhne empfangen; Hades oder Erebos ist ein Abkömmling des ursprünglichen Chaos, also des männlichen Pols des Weltursprungs. Zeus will den Platz des Gottes der Götter erreichen, trotz der höllisch männlichen Mächte, die ihn als Individuum - das differenzierter als das Chaos ist - vernichten wollten. Er beansprucht, das ursprüngliche Chaos zur göttlich-monotheistischen Allmacht umzuwandeln.

In dieser Kampfhandlung gibt Jupiter, der Vater von Kore-Persephone, seine Tochter dem Hades zur Heirat, der sie nichtsdestotrotz raubt und vergewaltigt. Diese Episode fällt zeitlich, wie viele andere, in das Moment des Übergangs von der Matrilinearität zur Patrilinearität. Jupiter tauscht die Jungfräulichkeit seiner Tochter gegen die Bestätigung seiner männlichen Allmacht.

Er, dessen Vater nicht wollte, daß er als geschlechtlicher Mensch auf die Welt kommt; eben er akzeptiert, daß die Jungfräulichkeit seiner Tochter preisgegeben wird, ihre weibliche Identität, um seine Anerkennung als Gott der Götter des Olymps zu erlangen. Um in den Augen aller als der große Gott zu erscheinen, nimmt er es hin, seine Tochter dem Hades zur Heirat zu geben. Dieses Unternehmen wird ohne Einverständnis von Tochter und Mutter eingefädelt. Zwei Dinge werden so bei der Machterrichtung von Zeus geopfert: die Jungfräulichkeit von Kore-Persephone und die Liebe zwischen Demeter und ihrer Tochter. Eigentlich hatte Jupiter nicht das Recht, so von seiner Tochter und ihrer Mutter Gebrauch zu machen. Demeter wird versuchen, ihm dies begreiflich zu machen, aber Kore-Persephone wird nicht mehr wagen, ihm dies zu sagen, es sei denn in Form eines Hilfeschreis. Jupiter hat den sprachlichen Austausch zwischen sich und seiner Tochter unterbrochen, so wie er sie gleichzeitig um ihre Jungfräulichkeit beraubt hat, die der Handelseinsatz mit Hades war.

Diese Opferung der Jungfräulichkeit von Kore-Persephone und auch ihrer Sprache, einschließlich der Beziehungen mit der Mutter, scheint zu offenbaren, daß Jupiter weder einen Zugang zu einer vollendeten Menschlichkeit hat, noch zur Göttlichkeit seiner maskulinen Identität. Aber diese Unvollkommenheit lädt er Hades auf, neben der Tatsache, daß er fortfährt, den Inzest zu praktizieren und zahlreiche Liebhaberinnen zu haben, was einen Mangel an körperlicher Menschwerdung bedeutet. Sich von oben herab als ein Souverän zu behaupten, schafft und unterhält die Existenz eines Souveräns von unten aus. Indem Jupiter den Himmel verdoppelt, muß er auch die Erde verdoppeln.

Jupiter steht höher als Uranos, was den Zugang zum Himmlischen betrifft und gemäß der menschlichen und göttlichen Hierarchie; aber dieses Höher impliziert ein Niederer. Dem souveränen Zeus entspricht der höllische Hades. Die beiden können sich weder begegnen noch ertragen. Der strahlende und glänzende Gott von oben, der auch der donnernde Gott und Blitz der gewaltigen Beziehungen zwischen Himmel und Erde ist. Dagegen wird der Gott von unten einer in Hölle, Nebel und Abgrund verwandelten Undifferenziertheit sein. Diese höllische Macht der Herrschaft von Männer-

Göttern, dieser Gott des Unsichtbaren, wird ein Räuber, ein Vergewaltiger sein, schwarzer Mann, vor dem alle jungen Mädchen Angst haben. Ist das nicht der dunkle Doppelgänger von Jupiter? Ist das nicht der Schatten der Souveränität? Umkehrung und Hölle seiner absoluten Macht, ohne zärtliches Teilen mit dem anderen Geschlecht? Entspricht dieser Hades nicht der dunklen Kehrseite oder, in unserem mehr soziologischen Jargon, dem verwirrten Unbewußten seiner Pracht?

Der schwarze Mann nimmt also das junge Mädchen oder die Heranwachsende. Er bedeckt sie mit Schatten. Er führt sie unter die Erde in sein Gebiet. Sie verweigert sich diesem Liebhaber.

Als er sie in die unterirdische Welt mit sich zieht, schreit sie, aber niemand hört sie, weder ihre Mutter noch ihr Vater Zeus. Es heißt, daß die Heranwachsende von der Sonne und vielleicht von Hekate gehört wird. Wenn es nicht sogar die Sonne ist, die ihr den Raub von Kore-Persephone mitteilt.

Jene Hekate teilt Demeter nach zehn Tagen mit, wo ihre Tochter ist. Sie wird ihr auch enthüllen, daß die Entführung mit dem Einverständnis von Zeus stattgefunden hat, Ehemann der einen, Vater der anderen. Daraufhin erzürnt sich Demeter gegen die Götter. Sie verläßt den Olymp und nähert sich den Sterblichen an. In Trauer gehüllt, versucht sie sich zu trösten, indem sie sich zur Amme eines anderen Kindes macht.

Ohne ihre Identität preiszugeben, bietet sie ihre Dienste in einem Haus an, in dem eine Frau soeben einen Jungen auf die Welt bringt, einen unerwarteten Nachzügler, vielleicht einen Sohn des Gottes Zeus. Ihr Angebot wird angenommen.

Ein kleiner Junge wird ihr anvertraut, an Stelle ihrer Tochter. Und sie gibt sich damit für eine gewisse Zeit zufrieden. Aber sie hat Pläne für dieses Kind. Sie möchte es unsterblich machen. Sie zieht es also auf merkwürdige Art und Weise auf: ohne es zu ernähren, indem sie es mit Götterspeise einreibt, indem sie es anbläst und es ans Herz hält und nachts ins Feuer legt. Auf diese Weise soll ein Unsterblicher entstehen. Das Kind wächst in der Tat wie ein Gott auf. Aber seine Mutter entdeckt die Behandlung, die der Sohn durch Demeter erfährt. Sie erschrickt darüber und enthüllt ihre Gegenwart

durch einen Schrei. Demeter, verärgert über den Mangel an Vertrauen dieser Sterblichen, läßt das Wickelkind fallen, hinterläßt es auf dem Boden und entschließt sich, ihre Stellung in diesem Hause aufzugeben. Sodann gibt sie sich zu erkennen und verlangt vom Ehemann eine Wiedergutmachung für diese Beleidigung. Sie fordert, daß ihr ein Tempel in Eleusis errichtet wird. Das wird ausgeführt. Demeter zieht sich dahin zurück und denkt nur an ihre Tochter. Ihre Trauer bewirkt die Unfruchtbarkeit der Erde, was bedeutet, daß es für die Sterblichen keine Nahrung mehr gibt und es also keine Sterblichen mehr gibt, die die Götter verehren können.
Nach einem Jahr Hungersnot wird Zeus unruhig. Er versucht Demeter in ihrer Entscheidung zu erweichen. Er sendet ihr als Friedensbotschafterin zuerst Iris, dann alle lebenden Götter, die ihr wunderbare Geschenke bringen und ihr alle Vorrechte gewähren, die sie wünscht. Aber Demeter nimmt nichts an. Sie möchte das Antlitz ihrer Tochter wiedersehen. Halten wir in diesem Zusammenhang fest, daß sie sich in ihrem Schmerz niemals an ihre Mutter wendet. Wie Kore-Persephone, wie Iphigenie, wie Antigone, wie Maria und selbst Eva: diese Frauen haben keine Mutter mehr, der sie sich anvertrauen könnten. Die weibliche Abstammungslinie ist schon unterbrochen.
Die Geschichte von Kore-Persephone erweist, daß die Tochter dafür nicht verantwortlich ist. Die Mutter wäre es ein wenig mehr, da sie sich nämlich über das Verschwinden der Tochter zu trösten beginnt, indem sie sich zur Amme eines männlichen Kindes macht. Aber die Annahme dieser Ersetzung entspricht auch einer Rache. Ein Gott hatte ihr die Tochter geraubt, sie verzichtet darauf, mit den Unsterblichen zu leben und will ihnen einen Sterblichen als Gott aufzwingen. Als diese Lösung scheitert, verweigert sie jeden Vorschlag, der vom Gott der Götter kommt, außer dem, daß ihre Tochter zurückkehrt. Zeus versteht, daß es keine andere Lösung mehr gibt, um die Sterblichen und die Unsterblichen zu retten. Er schickt Hermes in die "Dunkelheit der Unterwelt" (Erebos), um Persephone zurückzuholen. Und Hades muß gehorchen.
Aber er ist weiterhin listig, um die Oberhand zu behalten: Er bringt Persephone dazu, einen Granatapfelkern zu essen; ohne ihr Wissen

macht sie dies zur Geisel der Hölle.
Mutter und Tochter finden sich glücklich wieder. Demeter bittet Persephone, ihr alles zu erzählen, was passiert ist. Sie gibt ihr diesen Bericht, indem sie am Ende beginnt. Auf gewisse Weise geht sie in der Zeit zurück, so wie heute jede Frau vorgehen muß, die versucht, die entfernten Spuren ihrer Mutter wiederzufinden. Der psychoanalytische Weg müßte dazu dienen, den Faden ihres Eintritts und wenn möglich ihres Austritts aus der Hölle wiederzufinden.
Aber kehren wir zur Wiederbegegnung von Demeter und Kore-Persephone zurück. Sie verbringen den ganzen Tag damit, ihre Herzen zu vereinen, sich zu laben und sich Beweise ihrer Freude zu geben. Hekate schließt sich ihnen an, und seit dieser Zeit wird sie einen wichtigen Platz in den Geheimnissen um Kore-Persephone einnehmen. Insbesondere folgt sie ihr beim Abstieg in die Hölle und geht ihr bei der Rückkehr auf die Erde voraus.
Tatsächlich scheint das vergiftete Geschenk, das Kore-Persephone von Hades angenommen hat, ausreichend, daß sie ihm mindestens für ein Drittel des Jahres unterworfen bleibt: in der kalten Jahreszeit. Ebenso und doch im Unterschied dazu wird es später genügen, einen Apfel zu essen, um aus dem irdischen Paradies ausgeschlossen zu werden. Freilich wird zu diesem Zeitpunkt das Verbot deutlich vor der Übertretung ausgesprochen, was für Kore-Persephone nicht der Fall ist. Aber es handelt sich immer um ähnliche Geschichten von Fallen und Tabus, die Blumen oder Früchte betreffen, für die entweder deutlich der Prinz der Unterwelt verantwortlich gemacht oder die Schuld einer Frau zur Last gelegt wird.
Allerdings ist Eva keine wirkliche Frau mehr, denn sie wird aus der Rippe von Adam herausgezogen. Eva ist nur ein Teil von Adam, ohne Mutter erschaffen, was für Kore-Persephone nicht zutrifft, Göttin, Tochter der Göttin, einem Götterpaar. Das Band zwischen Menschlichkeit und Göttlichkeit ist noch nicht durchtrennt. Es webt sich bald in die eine, bald in die andere Richtung, mit merkwürdigen Beweisen oder Listen und befremdlichen Verboten, die den Frauen auferlegt werden, zur Errichtung einer Genealogie und Theologie patriarchaler Abstammung.
All diese Regeln entgehen dem kleinen Mädchen. Wenn sie sich

täuscht, dann ohne zu entscheiden. Sie wird von Spielregeln zwischen Männern eingenommen, die vertraglich geregelt sind oder auch nicht, zwischen Männern oder männlichen Göttern. Diesen Verträgen zufolge müßte sie alles verweigern, was von Männern und Göttern kommt, um nicht von ihrem eigenen Irrtum verführt zu werden. Sie müßte sich radikal abseits des Volkes der Männer, der Verträge zwischen Männern, der Beziehungen zwischen Männern aufhalten, bis ihre Jungfräulichkeit kein Ort der Verhandlungen zwischen ihnen mehr wäre. Sie müßte sich erinnern, daß die Jungfräulichkeit jene Beziehung bedeutet, die sie mit ihrer moralischen und körperlichen Integrität unterhält, und nicht etwa den Preis eines Handels zwischen Männern.

Sie müßte lernen, sich für sich selbst zu bewahren, für ihre Götter und ihre Gesetze, für die Liebe, zu der sie befähigt ist, wenn sie nicht außerhalb ihrer selbst gebracht, entführt, vergewaltigt und der Freiheit ihrer Gesten, Worte und Gedanken beraubt wird. Sicherlich muß diese Freiheit real und nicht erzwungen sein. Denn die Freiheit, im Sinne männlicher Triebe zu verführen oder gleiche Rechte innerhalb einer männlich eingeschlechtlichen Ordnung zu erwerben, ist nur eine oberflächliche Freiheit, die die Frau von sich selbst exiliert hat, die ihr schon jede spezifische Identität entzogen hat. Sie ist dann also nur eine Art Marionette oder ein mobiles Objekt, darauf reduziert, elementaren Trieben mit passiver Zielsetzung unterworfen zu bleiben. Sie bildet sich ein, daß es für sie notwendig ist, von einem Mann "geküßt" ("baiser" bezeichnet sowohl den Vorgang des Liebesaktes als auch einfach "küssen") zu werden, sie leidet an einem elementaren Bedürfnis des oralen Typus (das teilweise aus der umgekehrten Projektion des männlichen Wunsches herkommt). Dies schreibt Freud mit gründlicher Sachkenntnis, ohne zu bedenken, daß dieses Bedürfnis nichts anderes als den Unterwerfungseffekt der Frau unter männliche Triebe bedeutet. Dieses Bedürfnis wäre eine Art von Fortleben des ursprünglichen Chaos, das der männliche Wunsch auf der Erde hervorgerufen hat.

Dieses Chaos ist in der Tat immer da. Es offenbart sich in einer Triebökonomie ohne Geschlechtlichkeit der Libido, einer Ökonomie, in der die Frau gefangen ist. Der eine - er - bleibt in der inzestuösen Regression und der analen Besessenheit, die andere - sie - ist auf eine Bettelei des oralen Typus reduziert. So hätte die Frau immer Hunger nach ihm, ohne zu sich zurückkehren zu können. Zwangsläufig hätte sie ein Hunger nach jenem Abgrund ergriffen, den er ihr geöffnet hat. Sie wäre krank an einem bodenlosen Hunger, weil es nicht ihr Hunger ist, sondern der Abgrund des natürlichen und kulturellen Hungers des anderen in ihr. All dies hätte ihr nicht zustoßen können ohne die Trennung von ihrer Mutter, von ihrer Erde, ihren Göttern und ihrer Ordnung.

Hier liegt die ursprüngliche Verfehlung, die die Frau auf dem Hintergrund des Nichts verführerisch macht. Aber warum wurde sie ihrer Mutter weggenommen? Warum wurde die weibliche Erbschaftsfolge zerstört? Um eine Ordnung zu errichten, die der Mann brauchte, die aber der Achtung und der Fruchtbarkeit sexueller Differenz noch nicht entspricht.

Um eine Ethik der sexuellen Differenz erneut möglich zu machen, muß das verlorene Band weiblicher Genealogien wieder geknüpft werden. Viele denken oder glauben, daß wir von der Mutter-Tochter-Beziehung nichts wissen. Dies ist auch die Position von Freud, der versichert, daß man diesen Punkt noch hinter der griechischen Zivilisation an einer anderen, ausgelöschten Zivilisation beleuchten müsse. Das ist durchaus richtig, aber diese Wahrheit hindert Freud nicht daran, theoretisch zu begründen und der psychoanalytischen Praxis als Notwendigkeit aufzuerlegen, daß das Mädchen vom Bezug zur Mutter abzubringen und der Haß zwischen beiden notwendig sei. Ohne auf eine Sublimierung weiblicher Identität zu setzen, optiert er für die Einmündung des weiblichen Wunsches in das Gesetz des Vaters. Dies ist unannehmbar. Freud verhält sich hier wie ein Prinz der Unterwelt im Verhältnis zu allen Frauen. Er zieht sie in den Schatten und in die Trennung von ihrer Mutter und von sich selbst, zur Errichtung einer Kultur "zwischen Männern": auf der Ebene des Rechts, der Religion, der Sprache, der Wahrheit und der Weisheit. Damit das Mädchen Frau werden kann, muß sie sich einer Kultur unterwerfen, insbesondere einer Liebeskultur, die für sie den Hades darstellt. Sie muß ihre Kindheit vergessen, ihre Mutter, sie muß sich vergessen in ihrer Beziehung zur Zärtlichkeit ("philotès") der Aphrodite.

Wenn die Vernunft der Geschichte darin besteht, uns an alles zu erinnern, was stattgefunden hat und dies auch zu beachten, ist es notwendig, eine Erklärung des Vergessens weiblicher Genealogien in die Geschichte einzuführen und deren Ökonomie wiederherzustellen.

Die Rechtfertigungen, die für den Bruch der Mutter-Tochter-Liebe gegeben werden, tragen vor, daß diese Beziehung zu verschmelzend sei. In diesem Sinne lehrt uns die Psychoanalyse, daß die Ersetzung der Mutter durch den Vater unerläßlich ist, um die Herstellung einer Distanz zwischen Mutter und Tochter zu ermöglichen. Dies ist nicht zutreffend. Vielmehr ist die Mutter-Sohn-Beziehung verschmelzend, weil der Sohn nicht weiß, welche Position er gegenüber derjenigen Person einnehmen soll, die ihn ohne mögliche Gegenseitigkeit auf die Welt gebracht hat.

Er selbst kann in sich nicht empfangen. Er kann sich nur künstlich mit derjenigen identifizieren, die ihn ausgetragen hat. Um sich von seiner Mutter zu trennen, muß der Mann sich alle möglichen, einschließlich transzendentale Objekte bilden - die Götter, die Wahrheit -, um diese unlösbare Beziehung zwischen sich und derjenigen zu lösen, die ihn in sich getragen hat.

Die Situation ist anders für die Tochter, potentiell Mutter. Sie kann mit ihrer Mutter zusammenwohnen, ohne die eine oder andere zu zerstören, und noch vor jeglicher Vermittlung durch spezifische Objekte. Die Natur ist für sie ein bevorzugtes Milieu, die Erde ihr Ort. In ihrer immer fruchtbaren Wohnstatt leben Mutter und Tochter glücklich nebeneinander. Sie sind, wie die Natur, fruchtbar und nährend, was sie nicht daran hindert, menschliche Beziehungen zu unterhalten. Diese Beziehungen gründen auf der Errichtung weiblicher Genealogien, aber nicht nur. Daher stellen die Worte zwischen Mutter und Tochter vielleicht das am weitesten entwickelte Sprachmodell dar, sowohl in ethischer Hinsicht als auch im Sinne einer Respektierung intersubjektiver Beziehungen zwischen den zwei Frauen. Auch dahingehend, daß sie die Realität ausdrücken, sprachliche Zeichen auf korrekte Weise einsetzen und qualitativ gesehen reich sind.

Die Schule, die soziale Welt des "Zwischen-Männern", die patriarchale Kultur wirken auf das kleine Mädchen wie Hades auf Kore-Persephone. Die Beweisführungen, die zur Erklärung dieses Zustandes erbracht werden, sind unrichtig. Die geschichtlichen Spuren der Beziehung von Demeter und Persephone-Kore unterrichten uns weitgehender. Das kleine Mädchen wird seiner Mutter zum Nutzen eines Vertrages zwischen Götter-Männern entführt. Der Raub dieser Tochter der großen Göttin dient der Machterrichtung männlicher Götter und der Organisierung patriarchaler Gesellschaft.

Aber dieser Raub stellt eine Vergewaltigung dar, eine Hochzeit ohne Einwilligung weder der Tochter, noch der Mutter; eine Aneignung der Jungfräulichkeit dieser Tochter durch den Gott der Unterwelt und ein Sprechverbot, das der Tochter und der Frau auferlegt wird. Dieser Raub bedeutet für sie einen Abstieg ins Unsichtbare, ins Vergessen, bedeutet für sie den Identitätsverlust und die geistige Sterilität.

Das Patriarchat ist auf dem Raub und der Vergewaltigung der Jungfräulichkeit der Tochter begründet und ihrer Benutzung für einen Handel zwischen Männern, der auch die religiöse Ebene einschließt. Dieser Handel findet über die Zirkulation von Geld statt, aber auch über den Besitz von Grund und Boden sowie den Einsatz symbolischer und narzißtischer Machtmittel.

Auf dieser ursprünglichen Verfehlung hat das Patriarchat seinen Himmel und seine Hölle gebaut. Es hat der Tochter ein Schweigen auferlegt. Es hat ihren Körper von ihren Worten getrennt, ihre Lust von der Sprache. Es hat sie in die Welt männlicher Triebe hineingezogen, eine Welt, in der sie unsichtbar und blind für sich selbst wurde, für ihre Mutter, für andere Frauen und sogar für die Männer, die sie vielleicht gerade so haben wollen. Das Patriarchat hat auf diese Weise den kostbarsten Ort der Liebe und ihrer Fruchtbarkeit zerstört: die Beziehung zwischen Mutter und Tochter, deren Geheimnis das jungfräuliche Mädchen bewahrt. Diese Beziehung trennt weder die Liebe vom Begehren, noch den Himmel von der Erde, und sie kennt die Hölle nicht.

Diese erscheint als Resultat einer Kultur, die das Glück auf der Erde vernichtet hat, indem die Liebe - einschließlich der göttlichen - von unseren gegenwärtigen Beziehungen weg, in ein Jenseits verwiesen wurde. Um eine grundlegende soziale Gerechtigkeit wiedereinzuführen, um die Erde vor einer totalen Unterwerfung unter männliche Werte zu retten (die häufig Gewalt, Macht und Geld über alles stellen), ist es notwendig, die fehlende Säule unserer Kultur wiederherzustellen: die Mutter-Tochter-Beziehung und die Achtung vor weiblichen Worten und Jungfräulichkeit. Dies erfordert eine Veränderung der symbolischen Ordnungen, insbesondere der Sprache, des Rechts und der Religion.

* Vortrag vom 11.10.89 in der Frankfurter Frauenschule anläßlich der Präsentation des Buches von Luce Irigaray, Genealogie der Geschlechter, Kore-Verlag 1989. Mit freundlicher Genehmigung des Kore-Verlags Freiburg. Der Aufsatz erscheint in der Reihe "Kleine Kore" im Frühjahr 1990.
Übersetzung: Cornelia Frenkel-Le Chuiton, Lektorat: Dörte Fuchs

Edith Seifert
Zur Frage der psychischen Geschlechtsgenealogie

1. Die Psychoanalyse, von der ich sprechen will, hat den Geschlechtsprozeß bekanntlich nicht unwesentlich um die Position des Vaters herum definiert: Im Ödipuskomplex ist es der Vater, der die für Freud entscheidende Funktion der Kastration repräsentiert. In "Totem und Tabu", Freuds Mythos vom Aufstand der Wilden, Neurotiker und Kinder, geht es um Vatermord. Im letzten Fall scheint zudem überdeutlich und hat auch die Kritik von Frauen immer hervorgerufen, daß hier die Frauen ebenso ausgespart sind, wie sie im individualmythischen Ödipuskomplex generell als zu kurz gekommen dastehen. Nun abgesehen von Novellierungsversuchen innerhalb der Psychoanalyse, die den Ödipuskomplex ohnehin als überholt betrachten, weil die sozialen Bedingungen nicht mehr so geartet seien, daß die ödipale Struktur greifen könnte - aber dies will ich hier dahingestellt sein lassen - kritisieren auch einige bewegte Männer in geradezu umgekehrter Stoßrichtung das Fehlen des Vaters mit denselben Freudschen Texten vor Augen. So bemängelt nicht nur einer, daß dem Vater vor dem Focus der Mutter-Kind-Dyade nicht genügend Platz eingeräumt werde. Frauen dagegen verstehen, wie gesagt, dieselben Texte als unverzeihliche Überdominanz, die dem Vater von der Freudschen Psychoanalyse gewährt werde.
Ich erwähne diese zwei diametral entgegengesetzten Lesefrüchte,

weil es doch seltsam anmutet, daß ein und derselbe Text zu so gegensätzlichen, geschlechtsgegensätzlichen, muß man hier ja wohl sagen, Interpretationen führen kann. Der Text muß dann wohl die entsprechende Spannbreite besitzen und höchst zweideutig dürfte dazu auch wohl sein, was der Vater in der Psychoanalyse ist. Bevor ich die Frage nach der (realen) Vaterfunktion als Nullpunkt des Geschlechtsdifferenzierungsprozesses, nicht aber Ursprung der Geschlechtsgenealogie, aufnehme, scheint es mir unumgänglich, einen Umweg vorzunehmen und einige Grundzüge der Psychoanalyse, mit der ich arbeite, kurz vorzustellen. Ich muß hier in die Apposition gehen und diese Attribuierung einschalten, da es ja nicht nur *eine* Psychoanalyse gibt, vielmehr die unterschiedlichsten Ausformungen grassieren, und meinem Eindruck nach das meiste, was man Psychoanalyse schimpft und vielleicht auch schon mal - und zwar zurecht - umschreiben gewollt hatte, tatsächlich in die Schubfächer der Psychologie gehört. Das mag dem therapeutischen Sinn der Psychologien keinen Abbruch tun, nur wenn sie als Psychoanalyse verkauft werden sollen, eher wie Etikettenschwindel aussehen. Nun denn, was soll also die Psychoanalyse, in ihrer harten Form sein? Ein Wissensdiskurs, dem der alte Pestilenzgeruch anhaftet, wie ihn Freuds Psychoanalyse, als er sie nach Amerika brachte, noch hatte und wie ihn ihr, sein Verdreher, Entsteller, J. Lacan, wiedergegeben haben will.

2. Was ist in diesem Extrem die Psychoanalyse?

Zunächst einmal ist sie der Diskurs des Unbewußten. Solcher Definition dürften kaum Schwierigkeiten begegnen. Weder seitens der Revisionisten der Psychoanalyse, noch seitens ihrer anthropologischen, philosophischen oder sozialwissenschaftlichen Inbesitznehmer. Aus diesem Grund liegt das Problem sicher an einer anderen Stelle. Wie das Verhältnis vom Unbewußten zu dem es umrahmenden Diskurs aussieht, und wie das Unbewußte als solches überhaupt vorzustellen ist, das sind schon eher die Fragen, bei denen man sich auseinanderdividiert. Ich will es kurz machen: Die Psychoanalyse, diese, wie sie Lacan nennt - aber ob er damit denn doch nicht zu optimistisch ist - "fröhliche Eswissenschaft", ist der Diskurs des Unbewußten, in dem Sinne, daß das Unbewußte erst und einzig und allein über den Diskurs als situiert gelten kann. Das Unbewußte stellt dabei keine Seinsart, keine Essenz oder Substanz vor und ist auch kein Begriff zu nennen.

Für die Frage nach der Geschlechtsgenealogie wird das nicht unwesentlich sein. Denn bereits der Begriff der archaischen Erbschaft, den Freud in seiner Schilderung vom Mythos vom Vatermord verwendet, muß unter die Vorzeichen dieses Unbewußten gestellt werden. Lacan nennt das Unbewußte darüberhinaus den Diskurs des Anderen und bezeichnet es als ein Wissen: "Wissen, das ja schaufelweise, auf daß man nicht weiß, was damit tun, schränkevoll". Ein Wissen auch, das, so man riskiert, dessen Dummer zu sein, unser stetig fließender Wissensquell ist. Denn was die Subjekte tun, ist Wissen. Ein Wissen, das durch die Generationen davor festgeschrieben ist. Was allerdings rein gar nichts entschuldigt, da es um das Sagen dieses Wissens geht. (Nicht, weil es einem die Altvorderen verbockt hätten, wäre man unschuldig wie ein Lämmchen.) Ein Wissen ist das Unbewußte auch, das will ich noch kurz erwähnen, das keine Hierarchien kennt, nicht mit Über- und Unterordnungen arbeitet, dem schlichtweg alles einerlei Jux-taposition, Nachbarschaft wert ist. Ein Wissen schließlich, das wie das Grundphänomen der psychoanalytischen Kur zeigt, an Liebe geknüpft ist. In der Übertragung nämlich wird einem Subjekt, dem Analytiker Anderen, unterstellt, daß er/sie über das Wissen verfüge, zu dem der Analysant die Verbindung verloren hat, weshalb er seine Halbwahrheiten nicht oder nur an der falschen Stelle zu ersetzen vermag. Das Phänomen der Übertragung macht aber noch etwas deutlich, was zur Charakterisierung des Unbewußten notwendig dazugehört: daß dieses Wissen nämlich erfunden ist, denn das Unbewußte selbst artikuliert sich nicht.

2.2 Der sexuelle Sinn

Worum dreht es sich also in diesem Wissen der Psychoanalyse, das Liebe ist? Es geht um den Sinn, "und das sind beim Unbewußten nicht sechsunddreißig Sinnrichtungen, sondern nur die eine des sexuellen Sinnes." Der Sinn des Nicht-Sinns, der das Sein, wo die

Verhältnisse schiefgehen, bedeutet, wo sich die Wahrheit des Geschlechtsverhältnisses auftut, die besagt, daß das Geschlechtsverhältnis durch seine Abwesenheit den Körpern Ungelegenheiten bereitet. Und doch gewinnt nur auf diese Weise das Genießen der Körper an Raum. Die Chose wird damit allerdings keineswegs besser, denn das Genießen macht die Subjekte erst recht eigentlich fertig. Da, nämlich genießenssüchtig, wie wir sind, wir nicht anders können, als das Genießen zu suchen, schließlich stellt es einen Imperativ dar, dem man, wie man kann, gehorcht, mehr schlecht als recht, mal gut oder besser. Freud legte in epikuräischer Tradition der Lust eine Grenze auf: So wenig wie möglich Lust haben. Diese Grenze zeichnet sich ab, wo der Sinn des Nicht-Sinns, d.h. der sexuelle Sinn, auftaucht, und wir, genießend dem Toten begegnen. Von alledem will die Liebe nichts wahrhaben. Sie webt ihre Gespinste über der Absenz des Geschlechtsverhältnisses und flickt es, das Loch des Realen. Das sei nun einmal das Freudsche Ding, daß wir im Imaginären verhaftet sind, während die geringste Erfahrung der Psychoanalyse dieser Wahrheit den Boden entzieht, indem sie uns zeige, daß das Subjekt nicht vorausgesetzt werden kann. Kein weibliches und auch kein männliches Subjekt, und daß sich die Funktion zwischen Frau und Mann nicht schreiben läßt. Die Psychoanalyse demonstriert, daß es nichts Unsichereres als die Zugehörigkeit zu einer der zwei Geschlechtseiten gibt.

3. Der leere Tore/Torus, der Vater

Ich will nun zu der Frage nach der Funktion des Vaters für die psychische Strukturierung übergehen. Sicher haben Sie bemerkt, daß ich nicht von psychischer Entwicklung gesprochen habe. Die Idee der Entwicklung, nach der sich ein Sein in seinen Affekten, seinem körperlichen Genießen, seinen Vorstellungen und Wünschen entfalten könnte, hieße nämlich mit der Existenz des Unbewußten im oben angegebenen Sinne aussetzen. Schließlich setzt Entwicklung voraus, daß etwas da ist, an dem sich das Subjekt, das im Werden begriffen ist, ausrichten und ausbilden kann. Demgegenüber hat die Psychoanalyse die materielle, aber auch kontingente Strukturbildung des Geschlechts zum Thema. Phasendurchläufe und genealogische Abstammung können hier nicht den Hauptausschlag geben. Die Psychoanalyse konkurriert nicht mit Geschichtsforschung. Die Strukturierung des psychischen Geschlechts verläuft deshalb nach Freud auch nicht linear und nicht kumulativ. Und aus eben diesem Grund kann auch der Vater in seiner psychischen Funktion nicht Stammvater genannt werden. Dennoch spielt er unbestreitbar einen wichtigen Part.

Der Vater ist ein "motherfucker".
Ich will im weiteren nicht detailliert auf den Verlauf des Ödipuskomplexes eingehen, sondern mich darauf beschränken, die Seiten an ihm herauszustellen, die ich als wesentlich für seine Charakterisierung halte. Die Psychoanalyse schreibt, wie gesagt, keine Entwicklungsgeschichte. Darum ist der Ödipuskomplex kein zwangsläufig sich einstellendes Moment in einem ungehindert sich durchsetzenden Entwicklungsverlauf. Vielmehr kommt ihm die Bedeutung eines der wichtigsten Dezentrierungsknotenpunkte der Psychoanalyse zu. Über sein Eintreffen werden Bedeutungen verteilt und zwar in dem Zeitmaß der Nachträglichkeit. So kommt erst durch den Verlust des geliebten ersten Anderen, der Mutter, der Mythos von einem Zustand ohne Verlust, vom Land, in dem Milch und Honig fließen, auf. Und auf diese Weise entimagisierend und Loch machend, wird das noch zu werdende Subjekt aus der Bahn geworfen, dezentriert und kann zu einem Zeitpunkt Zwei eine Zeit Eins die Bedeutung von besseren Zeiten bekommen. Auf diese Weise auch kommt die sexuelle Bedeutung des vordem Bedeutungslosen erst zustande. Und der, der in dem mütterlich-kindlichen Liebesparadies Loch macht und das Kind aus den Bahnen seiner Selbstgenügsamkeit wirft, ist bekanntlich der Vater. Voraussetzung dafür, daß solches geschehen kann, ist, daß der Vater mit der Mutter ... Denn nicht von allein tut sich dem Kleinen das Loch im Realen auf. Nicht von allein auch wird für es die daran anschließende Notwendigkeit drängend, das Loch, d.h. die Wahrheit des Geschlechtsverhältnisses wieder zu stopfen. Heißt sie mit Liebe und Wissen, mit Liebe des Wissens zu füllen. Das noch zu werdende Subjekt muß darauf gestoßen sein, daß das Geschlechtsverhältnis nicht geht. Und nur mittels dieses

Anstoßes kann es die Distanz gewinnen, die ihm zu sagen erlaubt: da, da war er gewesen, der paradiesische Zustand der Zwei. -- Womit es das Loch schon ersetzt hat. Wenn nun der Vater ein Motherfucker ist und er sich, so er ein guter Vater ist, auch als ein solcher aufwirft, dann wird doch auch deutlich, daß er dabei nicht alleine gerade stehen kann. Dann ist zwar er es, der mit der Mutter, ist es aber auch die Mutter, die mit ihm, sind es je einer mit Bezug zu dem anderen, die sich verschlingen. Die Mutter ist es, indem sie den Vater dem Kind gegenüber repräsentiert. Der Vater ist es, indem er nicht ohne Bezug auf die Mutter ist. Und beide sind es nicht einmal rein zu zweien, weil sie mit ihrem Genießen ja doch zu einem Ende kommen müssen, weil da eine Grenze eingebaut ist. Auf diese Weise dreifach verknotet, wird ein Punkt gesetzt, der das neue kleine Subjekt ist. Dieses antwortet auf die Interpunktion dieses Satzes mit sexueller Neugier und Forscherdrang: Wie kann einer aus zweien entstehen? Das kleine Subjekt erforscht und erfindet Theorien über dem Mysterium der Zwei.

Warum Drei und nicht Zwei?
Lacan dient die Drei zur Darstellung des psychischen Raumes und der psychischen Realität, denn seine Entdeckung, auf die er Anspruch erhebt, besagt, daß die Sprechwesen drei Dimensionen des Raumes bewohnen. Zudem bietet die Drei Vorzüge, von denen u.a. einer der sei, daß damit ein Raum beschrieben wird, der wesentlich auf Proximität i.S. von Offenheit gegründet ist. Dies mag nun mengentheoretisch von Interesse sein, erklärt aber für unseren Zusammenhang nicht, warum die Harmonie der Zwei, warum die Symmetrie abgelöst werden soll. Warum nicht die Nächste lieben wie sich selbst?
Zunächst schlechterdings darum, weil sich das Imaginäre nicht empfiehlt, wenn man die Spielregeln der Liebe finden will. Aber auch weil die Zwei, die in der Liebe danach streben, Eins zu werden, dies nur *par hasard* erreichen und zwar nur dann, wenn sie zu je drei Einsern verknotet waren. (Es handelt sich hier um eine knotentheoretische Kostprobe Lacanscher Theorie). Anders verfahren und bei der Zwei bleiben, hieße, die Absenz des Geschlechtsver-

hältnisses negieren bzw. das Geschlechtsverhältnis supponieren. Dem Härtetest der Psychoanalyse kann das nicht standhalten, denn das Geschlechtsverhältnis hat im Psychismus keine Repräsentation. Die Schwierigkeiten mit dem Liebesleben und der Geschlechtsordnung sind schließlich unübersehbar. Du magst aussehen wie eine Frau, magst aussehen wie ein Mann, darum ist doch keineswegs sicher, ob du als Frau oder als Mann liebst, denn wie man weiß, der Schein des Imaginären wie der des Diskurses trügt. Hier hat nun der reale Vater seinen Einsatz, er soll den Hinweis auf die Drei geben, d.h. soll darauf verweisen, daß auch das Verhältnis mit der Mutter eine Grenze hat, daß sich die Mutter nicht, sich der Vater nicht letztendlich, letztgültig aufeinander beziehen, sondern daß da, wo sie genießen, wo sie Mann und Frau sind, zum Schluß doch eines aussetzt, ein Rest des Unbelebten im Genießen zurückbleibt. Anders gesagt, durch die genießenden Mutter/Vaterkörper wird offenkundig, daß sie sich weder vereinen noch wirklich verzweien. Die Addition geht im Psychismus nicht auf. Was da nicht einmal hinzukommt, was einfach dazugehört, und zwar nicht als der Dritte, ist nur ein weiterer Einser, ein leerer Tore/Torus, - Ring von gleicher Konsistenz wie die anderen zuvor, nicht besser, nicht schlechter, äquivalent und distinkt zugleich.

Lacan vermißt bei Freud sein Vorkommen, bzw. findet ihn an eine Stelle gewiesen, die dem Unbelebten, dem Toten im Genießenden, denn darum geht es hier, nicht zukommt. Freud suchte nach der Verbindung von Leben und Tod und fand sie zum einen auf seiner Lieblingsreferenzebene, der Wissenschaft, bestätigt. Vor allem fand Freud sie aber im Masochismus. Diesen Beleg nennt Lacan einen Irrtum. Denn gerade der Masochismus zeige, wie es um den verzweifelten Versuch gehe, eine Beziehung herzustellen, wo es nicht die geringste gebe, nämlich zwischen Lust/Genießen und Tod. Der Masochismus ist gemacht, erfundenes Wissen. Das bisher Gefundene, daß das Unbewußte ein Wissen ist, das nur funktioniert, um das Loch im Realen zu stopfen, findet sich damit unterstrichen. Lacans Weiterfädelung der Freudschen Lust durch den Begriff des Genießens artikuliert darüberhinaus, daß auch das Unbelebte, Reale, in seiner Verbindung zum Genießen ein Wissen genannt werden kann. Ein Wissen jedoch, dem keinerlei Subjekt voransteht. Wenn also der Tote, der Vater, dem im Ödipuskomplex die Mordwünsche von Knaben und auch einem Teil der Töchter gelten, wenn der Vater als Toter eine Funktion haben soll, dann kann diese nicht qualitativ sein. Da, wo sich das Genießen der Körper aufwirft und die sprechenden Sein Farbe bekennen, markieren sie auch, an welchem Platz sie den Körper des Anderen genießen und sind sie eingesetzt durch die Drei, deren letztes Glied das Tote, der reale Vater, bedeutet. Diesen Punkt will ich auf der allgemeinen Aussageebene des Freudschen Ödipuskomplexes mit dem Mythos vom Vatermord nun noch kurz illustrieren.

Das Tote, der Name des Vaters.
Im Mythos vom Vatermord geht es darum, wie in den - als theoretische Fiktion lesbaren - freien Fluß der Primärvorgänge eine Grenze eingeschaltet wird. Dies geschieht nach Freuds Ausmalung folgendermaßen: In der Vorstellung und im Urteil der Brüder hatte sich ein allmächtiger, despotisch-gewalttätiger Vater den Genuß aller Frauen reserviert und damit die feindseligen Gefühle der Brüder riskiert. Die vom Genuß ausgeschlossene Horde entschließt sich zur Notwehr und schafft den Rivalen beiseite. Doch nach ihrem Akt stellen sich Reue und Schuldgefühl, d.h. unabgegoltene Liebesgefühle ein, die Einlösung verlangen. Der übriggebliebenen Liebe wird Rechnung gezollt durch Errichtung des Totems, eines Vatersubstituts. Diesem geloben die Brüder in der Nachfolge des Toten den Gehorsam, den sie dem Lebenden versagt hatten. Soweit die Freudsche Szene.

Genießt der Tote?
Abgesehen davon, daß hier wieder, zumindest auf den ersten, das Positive suchenden, Blick, die Frauen nicht vorkommen, veranschaulicht die Geschichte die Frage nach Begehren und Genießen. Begehrt der Vater, genießt er? Was ist das Geschlecht? Bisher, prädiskursiv, in der Symbiose war diese Frage nicht zu stellen, dazu fehlte die nötige Distanz. Nun, da die Frage auftaucht, ist die Möglichkeit auch schon verbaut, daß je im Leben eine Antwort darauf

erfolgt, denn dem Vater wurde ja kurzerhand der Garaus gemacht. Dennoch ersetzt und erfindet bereits Freuds Horde das Wissen, das ihnen der Vater versagte. An der leeren Stelle, die der Vater hinterlassen hat, errichten sie das Totem, dessen Imperativen sie Treue geloben. Freud geht in seiner Konstruktion explizit nicht weiter. Anders Lacan, er erhebt das Genießen zum Thema, obwohl, so muß man auch sagen, er alle nötigen Elemente dazu bei Freud hat finden können. Mit Lacan läßt sich herausarbeiten, daß sich die Frage, ob der Vater genießt als die Frage nach dem Geschlecht an das Totem, oder sagen wir doch besser, an das Tote richtet. Gibt es denn Wissen im Toten/Realen? D.h. gibt es eine Antwort auf die Frage nach Geschlecht und Genießen?

Freud war an diesem Punkt auch in anderen Zusammenhängen, z.B. bei der Frage nach der Definition der psychischen Realität wie bei der Frage nach der weiblichen Sexualität, schwankend. Freud übersah, daß die Frage an sich zwar selbst wesentlich ist, daß aber, da zu einer Frage stets auch eine Antwort gehört, auch die Antwort als wesentlich gelten muß, selbst wenn diese fehlt. Keine Antwort darum, auf die Frage nach Genießen und Geschlecht, keine Antwort auf die Frage danach, wie es mit dem Genießen des Vaters steht. Man wird erfinden müssen, was es auf sich hat mit dem Geschlecht. Die Kinder, Wilden und Neurotiker aus Freuds Mythos sind darin ja groß, sie imaginieren wie wild über der Frage nach dem Genießen des Herren.

Ausgespart blieben dabei bis jetzt wieder einmal die Frauen. In "Totem und Tabu" hat Freud für sie keinen anderen Platz bereit als den auf der Seite des Vaters. Doch warum sollte das heißen, daß sie damit aus der Geschlechtsstrukturierungsgeschichte ausgeschlossen sind. Schließlich haben auch die Frauen Grund, sich am Vatermord zu beteiligen, denn auch sie quält die Frage nach dem Geschlecht, nach dem Rätsel der Zwei. Darum meine ich, finden die Frauen gut und gern Platz in Freuds Mythos vom Vatermord. Ihre Motive zum Mord sind zum Teil nicht einmal so verschieden von denen der Brüder. Für einige der Frauen ist der Vater Rivale, für andere hält er das

Liebesversprechen nicht, da er letztlich zur Mutter neigt. Nur die großen Liebenden, die Vaterliebenden, die früher oder später hysterisch genannten, verweigern sich im Grunde der Tat. Sie bleiben bei der Supponierung des grenzenlos scheinenden Allwissens des Vaters. Sie spinnen und weben mit ihren Körpern am Loch des Realen, sie glauben und hoffen darauf, daß sich eines besseren Tages die Frage nach dem Geschlecht doch noch beantworten läßt, d.h. daß sich die Geschlechtsverhältnisse harmonisieren.

Und die Frauen für sich, das Genießen einer Frau? Freud stellt sie topisch neben den Vater und es gibt keinen Grund davon abzugehen. Doch was kann das für eine Frau, für ihre nicht auf den Mann ausgerichtete, nicht phallisch-falsche Geschlechtsposition, sprich für das Genießen einer Frau schlußendlich heißen? Wenn da, wo sie stehen, der eine, der Vater, genießt, man weiß nur nicht wie, warum sollten Frauen dann nicht ganz ähnlich genießen, sprich, geht niemand was an. Dann genießen die Frauen am Ort des Realen und Toten ihre Reserve zum Phallischen Falschen und das hat sehr wohl mit dem Leben der Körper zu tun.

Marianne Schuller
Wie entsteht weibliche Freiheit?*

Seit einiger Zeit kann die Frauenbewegung auch hierzulande aufatmen. Warum? Weil wir endlich einer Erfüllung entgegengehen. Ihre Kunde hat uns erreicht in Gestalt eines Buches, das auf deutsch den Titel trägt: "Wie weibliche Freiheit entsteht. Eine neue politische Praxis." Es ist von einer Gruppe von Frauen verfaßt worden, die unter dem Namen "Libreria delle donne" firmiert, weil, wie es heißt, "der Mailänder Buchladen für sie der politische Bezugsort ist." Allerdings, so ist weiter zu lesen, stellt sich der Bezug zum Mailänder Frauenbuchladen nicht durch Arbeit als vielmehr darüber her, daß er den "symbolischen Ort einer bestimmten politischen Praxis darstellt." Dieser symbolische Ort nämlich ist die Wiege einer politischen Praxis, die unter dem Namen "affidamento" umläuft. Affidamento: unübersetzt oder auch unübersetzbar. Jedenfalls klingt der Name schön. Er klingt nah und er klingt fern; er nimmt einen gewissermaßen auf und trägt einen fort; in dem Maße schön, wie man nicht genau weiß. Eröffnung und Hingabe einer Unbestimmtheit. Irgendwie ein Genuß.
Es handelt sich dabei um den Namen für eine Beziehung zwischen Frauen, die "diese im Interesse ihres Geschlechts eingehen." (S.20) "Der Name 'affidamento' ist schön, er trägt in sich die Wurzel von Wörtern wie fede (Glaube), fedelta (Treue), fidarsi (vertrauen), confidare (anvertrauen)." (S.20) Es handelt sich dabei um den Namen für

eine Beziehung zwischen Frauen, die sich nach einem symbolischen Bezugssystem organisiert, das eine kulturell vergessene, das heißt nicht-repräsentierte Beziehung figuriert. Die Mutter-Tochter-Beziehung. Überführt ins Statut einer symbolischen Beziehung, gibt sie die Matrix des 'affidamento' ab. Gleich zu Beginn des Buches also taucht der Terminus des Symbolischen auf und gleich zu Beginn taucht auch ein weiblicher Name auf: Luce Irigaray: "Wie Luce Irigaray gezeigt hat, fehlt in unserer Kultur die Repräsentation der Mutter-Tochter-Beziehung; die Mutter hat immer den Sohn im Arm." (S.17) So beiläufig der Name Luce Irigaray und so theoretisch unerheblich auch der Begriff des Symbolischen hier eingespielt werden, so bilden sie doch die Stützen des hier vorliegenden Programms, das, in doppeltem Sinne, die weibliche Freiheit verspricht. Ja, man könnte geradezu sagen: Luce Irigaray stellt die symbolische Mutter dar, zu denen 'die Mailänderinnen' die symbolische Beziehung des 'affidamento' aufgebaut haben, was zum unumstößlichen und folgerichtigen Ergebnis der weiblichen Freiheit geführt hat. Dieses Ergebnis, von dem das Buch erzählt, tritt auf im Gestus des Authentischen und verlangt insofern seinerseits nach Nachahmung im selben Stil: es verlangt nach einer Beziehung des 'affidamento', das auch uns, den Leserinnen, die Segnungen der weiblichen Freiheit nicht vorenthalten wird. Der Kreislauf ist geschlossen. Oder auch: Die Freiheit dreht sich im Kreise.

Der Eindruck der Geschlossenheit, den das Buch über die neue politische Praxis der Frauen erweckt, ist, wie mir scheint, ein Schlüssel zu seinem Erfolg. Endlich scheint eine Reihe von Widersprüchen der einstmals als Feminismus bezeichneten Bewegungen aus der Welt geschafft: das widersprüchliche Verhältnis von Theorie und Praxis etwa ist harmonisiert, indem das Buch sich als "Theoriebuch" qualifiziert, "vermischt mit Erzählungen". Und was heißt hier "Theorie"? Es heißt: "Eine politische Praxis in Worte zu fassen." (S.17) Was aber heißt das? Endlich scheint auch die widersprüchliche Geschichte der Frauenbewegung und der feministischen Konzepte an ihr Ende gekommen zu sein. Aber wie? Indem der Konzeption dieses Buches zufolge jeder einzelne Schritt von feministischer Seite, so falsch er auch immer gewesen sein mag, dennoch hingeführt hat zur Ausarbeitung, mehr noch, zur Parusie des "affidamento", der neuen Politik, die, zwar immer schon vor den Augen der Feministinnen liegend, dennoch nicht hatte von ihnen erkannt werden müssen. "Schon öfter - sowohl in unserer Politik als auch in diesem Buch - haben wir am Schluß unserer Überlegungen den Sinn der Dinge entdeckt, die uns bereits offen vor Augen lagen." (S.183) Einst sehend-blind, gehen nun, am Ende des Weges, die Augen des Sinns und der Bedeutung auf. Und ist in diesem Sinne die Politik des 'affidamento' neu? Nein, im Grunde ist sie uralt; sie kommt schon in der Bibel vor, im Alten Testament: in der Geschichte von Naemi und Ruth. So bildet die Erinnerung an diese biblische Geschichte auch den Auftakt des Buches und es schließt, wie man sagen könnte, mit der Erfüllung dessen, was die Geschichte von Naemi und Ruth uns verheißen hat. Damit aber wiederholt der Aufbau des Buches seinerseits ein biblisches Schema, das auch eine geschlossene Geschichtskonzeption zur Folge hat. Es ist das typologische Geschichtskonzept und meint: daß die Geschichte als Wiederholung eines vorgeprägten Musters sich vollzieht und damit den Sinn der Vorgeschichte enthüllt. So wie das Alte Testament sich im Neuen wiederholt und durch den Typ der Wiederholung sich erfüllt, so ist die Politik des 'affidamento', schon durch die Art der Darstellung, als Konzept der Geschlossenheit und der Erfüllung entworfen. Verleiht die typologische Berufung auf das Alte Testament der Neuen Politik einen hohen Grad an geschichtlicher Legitimation, so bewirkt auch die interne Anordnung des Buches den evidenten Eindruck höchster Geschlossenheit und geschichtlicher Notwendigkeit. Wie aber wird dieser Eindruck, der gewissermaßen keinen Einspruch, im Grunde auch keine Fragen mehr duldet, diskurstechnisch erzeugt? Denn so theoretisch und stilistisch unbefangen sich der vorliegende Diskurs über die Entstehung der weiblichen Freiheit auch gibt, so ist das doch Effekt eines verborgenen diskursiven Kalküls: Es ist das der einfachen Erzählung, die zugleich als Wiederkehr oder Spiegelung eines ursprünglichen Musters erscheint. So wird zunächst, wie schon erwähnt, die biblische Legende eingeführt, die nun, kraft des 'affidamento' ihren vollen Sinn entfaltet. Danach werden anekdotische Geschichten berühmter Schriftstellerin-

nen erzählt, deren Pointe jeweils darin besteht, daß ein vertrauensvoller Bezug auf andere Frauen ihnen die Möglichkeit der weiblichen Identitätsbildung gegeben hat. Derart figuriert zum Modell, wird dann die Geschichte der Frauenbewegung von den sechziger bis in die achtziger Jahre erzählt. Sie endet, sie erfüllt sich im Telos des 'affidamento' oder anders: das 'affidamento' ist die Geburt der Freiheit aus dem unbewußten Geist der Frauenbewegung.
Der Frauenbewegung? Es handelt sich vornehmlich um die Mailänder Frauenbewegung. Aber die 'Mailänder Frauenbewegung' wird nicht etwa als eine Variante innerhalb des gestreuten, auch kontingenten Spektrums der Frauenbewegungen dargestellt, sondern als Paradigma für das Ganze der Frauenbewegung. Oder anders: die Entwicklung der Mailänder Frauenbewegung wird hier als symptomatisches Modell der gesamten Frauenbewegung modelliert. Oder noch anders: den Vorgängen um den Mailänder Frauenbuchladen kann die gesamte Frauenbewegung substituiert werden. Es handelt sich also um ein metaphorisches Verfahren, das aber als Darstellung des wirklichen geschichtlichen Verlaufs fungiert. In dem Maße aber, wie eine ungreifbare geschichtliche Wirklichkeit metaphorisch reduziert wird, untersteht sie zugleich einer teleologischen Dramaturgie. Denn Schritt für Schritt, von einem Frauentreffen zum andern, entfaltet sich folgerichtig und mit der Kraft innerer Notwendigkeit die Politik des 'affidamento'. Von der Selbsterfahrung über die Projektarbeit über die Politik des Unbewußten schließlich hin zur neuen Politik des 'affidamento'.
Und seltsamerweise konvergiert diese geschichtliche Entwicklung mit bestimmten Entwicklungen der feministischen Theorie; genauer: die Stadien der politischen Geschichte um den Mailänder Buchladen erweisen sich, bewußt oder unbewußt, als jeweilige Realisationen oder Verkörperungen bestimmter theoretischer Konzepte. Noch genauer aber muß man sagen: es ist die teleologische Dramaturgie der Geschlossenheit, die auch noch diese Konvergenz bewirkt. Und wann feiert diese Dramaturgie ihren Sieg? Wenn die Philosophie von Luce Irigaray, zumal ihre Spätphilosophie in der Politik des 'affidamento', sich verwirklicht. Wenn die Philosophie der 'symbolischen Ordnung', wie Irigaray sie in kritischer Auseinandersetz-

zung mit der strukturalen Kulturtheorie und der Psychoanalyse Freuds, zumal in ihrer strukturalen oder linguistischen Wende durch Jacques Lacan, entwickelt hat, in die Praxis umgesetzt wird. Das heißt, noch diesseits konzeptueller Aussagen: der Status einer Theorie der symbolischen Ordnung wird überblendet und gelöscht, indem sie als realisiert vorgestellt wird. Während der Witz einer Theorie der symbolischen Ordnung darin besteht, daß das Reale zugleich das ist, was sich dem Symbolischen entzieht, wird diese Differenz in der Politik des 'affidamento' aufgelöst. Sie wird geschlossen und ersetzt durch das Phantasma eines Zusammenfalls des Realen und des Symbolischen. Dieser phantasmatische Zusammenschluß erzeugt gewissermaßen in der Tiefe der Struktur dieser Programmatik eine Geschlossenheit, von der ich denke, daß sie, bei aller Schönheit des Namens 'affidamento' doch dogmatische Züge trägt. Es ist sozusagen ein weicher, samtener Dogmatismus, der auf Taubenfüßen kommt. Besonders weich, weil er durch den diskursiven Kunstgriff der Erzeugung von Konsistenz, Einheit und Geschlossenheit auch vorgibt, alle Probleme des Weiblichen und der Frauen gelöst zu haben oder doch lösen zu können. Um im Anspielungshorizont der neuen Politik des 'affidamento' zu verbleiben: die Probleme zwischen sozialer und symbolischer Ordnung; zwischen Psychoanalyse und Kulturtheorie; zwischen juristischer Stratifizierung und Geschlechterverhältnis; zwischen staatlich ideologischer Reproduktion des Geschlechterverhältnisses und der Produktion eines differenten weiblichen Geschlechts.

Wie vollziehen sich denn, zunächst einmal diskursstrategisch, die Lösungsangebote? Indem immer ein Pol der Problematik durch Dominant-Setzung des anderen entwertet oder ausgelöscht wird. Ein Beispiel: der juristische Diskurs. Er ist für die Frauenbewegung vor allem im Zuge der Abtreibungsproblematik, der Gleichberechtigungsproblematik und neuerlich im Zuge der Quotierungsproblematik relevant geworden. Die Autorinnen des 'affidamento' nun lehnen eine feministische Politik oder eine Politik der Frauen ab, die sich auf den juristischen Diskurs etwa in der Gestalt eines Abtreibungsgesetzes oder in der Gestalt der Gleichheit der Geschlechter vor dem Gesetz oder in Gestalt der Quotierung als politischer Legitimation stützt. Dagegen führen sie, um das hier kurz in Erinnerung zu rufen, ins Feld, daß eben der juristische Diskurs als Teil des patriarchalen Staatsapparates gar nicht in der Lage ist, eine Formulierung des Weiblichen vorzunehmen. Das heißt: der patriarchale Staat und sein juristischer Diskurs können nicht angerufen werden, weil sie sich über die Leugnung der 'sexuellen Differenz' allererst konstituiert haben. Sofern diese 'Dekonstruktion' nicht vorgenommen wird, werden die Frauen als eine "unterdrückte gesellschaftliche Gruppe" definiert, "die als solche homogen und schutzbedürftig ist." Dagegen gilt es, "die Frauen als anderes Geschlecht (zu betrachten), dessen Existenz im gegebenen gesellschaftlichen System verleugnet wird." (S.81)

Wie wäre dieser Position denn nicht zuzustimmen? Und doch: es gibt ein Haar in der Suppe. Denn: in gewisser Weise gleichen sich sogar die beiden unterschiedlichen Positionen. Worin? In der Verabsolutierung und damit in der Eindimensionalität des legitimatorischen bzw. begründenden Diskurses. Die einen, indem sie die juristische Rede als Fundament und Horizont der Weiblichkeitsproblematik einführen; die anderen aber, indem sie einen kulturphilosophisch-psychoanalytischen Diskurs, der überdies nur kryptisch auftaucht, in einer Weise universalisieren, daß der andere, der staatlich-juristische dahinter verschwindet. Sozusagen geschluckt wird. Damit aber wird zugleich eine Problematik und auch ein mögliches politisches Handlungsfeld geschluckt: zum Beispiel das juristische Feld zu instrumentalisieren und *zugleich*, genauer *im gleichen Maße* dessen Grenzen im Hinblick auf die Geschlechterproblematik wahrzunehmen und auszuspielen. Grenzen, die umso schärfer dann auf andere Felder und auf unterschiedliche Niveaus verweisen können, auf denen die Problematiken des Weiblichen und der Frauen angesiedelt sind. In anderen Worten: auch die Politik des 'affidamento' löscht die Unterschiedlichkeit, die mögliche Heterogenität und Widersprüchlichkeit der Problemfelder; darüber erst kann sich ein homogenes Terrain etablieren, dessen Legitimations- und Basisdiskurs ein kryptisch verbleibender, kulturphilosophisch-psychoanalytischer ist. Geschrieben und ausgeführt von Luce Irigaray, die aber nur anekdotisch im Text auftaucht.

Ein weiteres Beispiel: die Frage von Gleichheit und Gleichstellungsgesetz. Auch die sogenannten Gleichstellungsgesetze werden abgelehnt. Auch diese Ablehnung erscheint plausibel und wirkt, gegenüber dem Siegeszug dessen, was ich inzwischen den 'Staatsfeminismus' nenne, geradezu erfrischend. Es heißt: "Abgesehen von ihrer zweifelhaften Form (die Frauen werden den Männern gleichgestellt, als ob der Mann der Maßstab alles Positiven für die Frau wäre), sagen diese Gesetze nichts über das Verhältnis der Geschlechter aus. ... Andererseits ist zu bedenken, daß die Frauen innerhalb der Gesellschaft keine homogene unterdrückte soziale Gruppe darstellen ... Die Frauen sind ein Geschlecht, das einen Reichtum an Verschiedenheiten in sich birgt, und sie haben, genau wie die Männer, unterschiedliche soziale Hintergründe. Der Kampf der Frauen, der der weiblichen Differenz zu Existenz, Wert und Freiheit verhelfen soll, muß also von einer Vielfalt von Interessen, Lebensläufen, Ausdrucksformen und Erfahrungen ausgehen." (S.73/74)
Die Ablehnung der juristischen Gleichheit nun wird gekoppelt mit der feministischen Rede von der Gleichheit der Frauen, wie sie in den siebziger Jahren in Umlauf war. Die Koppelung verläuft so, daß die 'feministische' Gleichheitsrede quasi umstandslos mit der juristischen homogenisiert wird: Gleichheit gleich Gleichheit, was selbst wiederum nur durch Löschung und Ausblendung von Unterschieden der Diskurse möglich wird. Diese gleichmacherische Rede, die die Rede der Gleichheit zu kritisieren sucht, ist aber sehr zielstrebig. Was nämlich strebt sie an? Sie strebt an, das Moment der Unterschiede zwischen Frauen zu legitimieren. Dabei taucht das Wort von den Unterschieden inzwischen seinerseits abstrakt oder universalisierend auf. Dem 'feministischen' Ideologem von der vermeintlichen Gleichheit, das tendenziell soziale, klassenspezifische und psychische Differenzen geleugnet und sanktioniert hat, wird nun das des Unterschieds entgegengesetzt: in der Rede vom Unterschied, wie ihn die Politik des 'affidamento' einführt, sind aber wiederum die Unterschiede des Begriffs vom Unterschied gelöscht. Unter der Hand und doch strategisch wird ein subjekttheoretischer Begriff von Differenz verabsolutiert mit dem Effekt, daß die unterschiedlichen sozialen Unterschiede, die in Begriffen des Ökonomi-

schen, Ideologischen und Politischen zu artikulieren wären, verschwinden. Durch das Schweigen einerseits und durch die legitimatorische Aufblähung, aber nicht Ausführung, *einer* diskursiven Variante von 'Unterschied' andererseits, stabilisiert diese Rede wiederum die herr-schenden Verhältnisse. Polemisch gesagt: Während die Verkennung der 'feministischen' Gleichheitsrede sich Managerin und Putzfrau als gleich, weil gleichermaßen 'Frau', zu imaginieren wünschte, so kann im Zuge des 'affidamento', die übrigens geschickt Achillesfersen der Frauenbewegung und des ideologischen Feminismus ausnutzt, auch als eine Sozialtechnik im weichen Gewand einer Freiheitsrede gelesen werden. Anstatt Widersprüche zu befreien, werden sie befriedet. Ob hierin wohl ein weiterer Schlüssel für die breite Annahme des 'affidamento' zu sehen ist?

Die neue Politik der Frauen oder die Politik des 'affidamento', die sich, als typologische Wiederholung alter Muster die Aura einer Politik der Erfüllung gibt, entwickelt sich aus einem Denken der Differenz. Das Denken der Differenz, aus dem auch die Theorie der 'symbolischen Ordnung' hervorgeht, hat seinerseits eine Vorgeschichte, die in der französischen Theoriebildung des Strukturalismus und Poststrukturalismus ausgearbeitet worden ist. Der programmatische Text über das Entstehen der weiblichen Freiheit knüpft an dieses weite Feld der Theoriebildung an. Allerdings auf eine Art und Weise, die zugleich diese theoretische Herkunft verhüllt. Wie der programmatische Charakter des Textes im Erzählen von symptomatisch stilisierten, angeblich 'authentischen' Alltagsgeschichten aus der mailändischen Frauenbewegung sich abschwächt, gewissermaßen seine Ecken und Kanten verliert, so bleiben auch die Anschlüsse an das vielfältig facettierte theoretische Feld mehr oder minder im Dunkeln. An Stelle diskursiver Offenheit die kryptische Anspielung. Warum? Vielleicht auch, um die Problematiken zugunsten einer eingängigen Evidenz zu reduzieren? Vielleicht ist auch dies ein weiterer Schlüssel für die Art der Zustimmung dieser politischen Programmatik?

Die kryptischen Anspielungen an das 'Denken der Differenz' und an die Theorie der 'symbolischen Ordnung' sind dazu angetan, eine Rezeption im Ungenauen auszulösen. So heißt es etwa im Vorwort zur deutschen Ausgabe von Claudia Bernadoni: "Über der harten Erfahrung ihrer Zurücksetzung vergessen Frauen, was sie in ihrer ursprünglichsten Naivität wußten. Um erwachsen zu werden, braucht eine junge Frau eine ältere als Vorbild und Spiegel ihres symbolischen Werts./ Auf den Begriff des Symbolischen legen die Autorinnen besonderen Wert. Er durchzieht den ganzen Text und das stellt das Code-Wort im Diskurs über die Frauenbefreiung dar. In der Sprache der 'Praxis des Unbewußten' findet die symbolische Geburt des Selbst mit Hilfe einer 'autonomen Mutter' statt, es handelt sich dabei aber nicht um die individualpsychologische Persönlichkeitsentwicklung, sondern um den Erwerb der gesellschaftlichen Identität." (S.11)

Was aber heißt denn: 'symbolische Ebene'? 'Symbolische Geburt', 'symbolische Mutter' oder auch 'Praxis des Unbewußten'? Ich stelle diese Fragen nicht aus akademistischen Gründen, sondern weil ich in der Vagheit ein populistisches Moment mitlese, das selbst eine Geste der Macht darstellt. In dem Maße, so scheint mir, wie diese Begriffe unexpliziert bleiben, können sie mit einem mehr oder minder vagen Alltagsverständnis gefüllt werden: sie erscheinen im Glanz einer Evidenz, deren Strahlen die Vielfältigkeiten und Problematiken im Dunkeln verschwinden läßt. Abgesehen davon, daß die Weise der kryptischen Anspielungen zur Trivialisierung maßgeblich beiträgt, teilt sie auch die Leserinnen in 'Wissende/Gebildete' und in 'Nicht-Wissende', die umso mehr auf den Glauben angewiesen sind. Sie sind es, die den Autorinnen wiederum vertrauen müssen, sich ihnen anvertrauen müssen; sie sind es, die die Autorinnen in den Stand der symbolischen Mütter erheben: die Geburt der symbolischen Mutter aus dem diskursiv erzeugten Geist der rauschenden Undeutlichkeit.

Damit treten die Autorinnen ihrerseits die genealogische Nachfolge von Luce Irigaray an, die sie zu ihrer symbolischen Mutter stilisiert oder auch reduziert haben. Und in der Tat wird man sagen können, daß Luce Irigaray im Zusammenhang des französischen Theoriefeldes am radikalsten das 'Denken der Differenz' und der 'symbolischen Ordnung' ausgearbeitet hat. Nicht zuletzt deswegen, weil sie der ethnologisch-kulturtheoretisch, der linguistisch und psychoanalytisch konzipierten 'symbolischen Ordnung' selbst noch einmal das Moment der Differenz induziert. Denn, so Irigaray, sowohl die 'symbolische Ordnung' auf der Grundlage von Inzestverbot und Frauentausch à la Levi-Strauss, als auch die Symbolik des Unbewußten à la Freud und Lacan beruhen auf einer Asymmetrie, die das Ungedachte ihrer eigenen Theorie ausmacht: die Differenz als geschlechtliche. Sowohl die strukturale Kulturtheorie als auch die strukturale Psychoanalyse verbleiben, Luce Irigaray zufolge, in einer 'Logik des Gleichen': Mit der Einsetzung einer geschlechtsspezifischen, nämlich eingeschlechtlichen 'symbolischen Ordnung', die sprachliche und andere Repräsentationssysteme umfaßt, hat sich eine der beiden menschlichen Gattungen dadurch selbst gesetzt und zum universalen Maßstab gemacht, daß sie der anderen die Gattungskonstitution verweigerte. Wenn 'Weiblichkeit', so könnte man im Anschluß an Annette Runte Irigaray resümieren, als semiotisches Produkt 'männlicher Arbeit' vor allem ein "Wertspiegel" des Maskulinen ist, so kann 'Weiblichkeit' analytisch nicht länger auf demselben Niveau wie 'Männlichkeit' verbleiben. So können 'Männlichkeit' und 'Weiblichkeit' nicht miteinander verglichen oder entgegengesetzt werden, da 'Weiblichkeit' auf eine Abwesenheit verweist. 'Menschlichkeit' jenseits der Gattungsreproduktion wäre demnach erst möglich, wenn auch die andere Hälfte der Menschheit die Chance einer "symbolischen" Selbstkonstitution erhielte.

Damit werden, zum Beispiel, feministische Androgynie-Utopien, die auf eine Re-Integration weiblicher und männlicher Positiv-Eigenschaften spekulieren und wie sie gegenwärtig mit politischer Wirksamkeit von Badinter propagiert werden, hinfällig. Damit aber wird auch die Annahme einer ursprünglich menschlichen, geschlechtlich undifferenzierten Sexualität hinfällig, deren angebliche Mannigfaltigkeit über Repression und Ideologie in heterosexuelle Genitalfixierung 'kanalisiert' würde. M.a.W.: Zum einen hat Irigaray die psychoanalytische Weiblichkeits- und Ödipaltheorie grundlegend kritisiert, zum andern aber an der Hypothese des Unbewußten festgehalten und das heißt auch: an der Determination der Lust durch eine sprachlich-symbolisch regulierte 'Wunschdynamik'. In diese aber geht die Möglichkeit eines besonderen 'weiblichen Begehrens' ein,

das, weil es als ein völlig Anderes die Geschlossenheit des "phallogozentrischen" Systems stören würde, notwendigerweise verdrängt werden muß. Man könnte sagen: Statt um eine Analyse der sozialen Gattungs-Reproduktion geht es Luce Irigaray also vorwiegend um die 'De-Konstruktion' der "symbolischen" Gattungskonstitution.
Warum aber das Insistieren auf dem 'Symbolischen', das, wie wir gehört haben, auch zum "Code-Wort" der Politik des 'affidamento' geworden ist? Es hängt mit der Verabschiedung einer archaischen philosophischen Polarität zusammen, die sich als Grundpolarität von Natur/Kultur artikuliert. Also mit der theoretischen Verabschiedung einer Polarität, die bekanntlich gleichursprünglich auf die Geschlechterpolarität übertragen worden ist: das Weibliche als 'Ausdruck' der Natur; das 'Männliche' als 'Ausdruck' und Träger der Kultur. Im Zuge der Psychoanalyse als einer Theorie des Unbewußten und der Ethnologie als Wissenschaft von der Historizität des Natur/Kultur-Verhältnisses als auch der Linguistik Saussures, die Bedeutungsbildungen als Auswirkungen einer differentiellen Beziehung im Sprachsystem rekonstruieren konnte, ist diese Polarität als ursprüngliche entmachtet worden. Denn jetzt erweist sich, daß diese Entgegensetzung ihrerseits nurmehr als bloßer 'Sinneffekt' einer "symbolischen Ordnung" begriffen werden muß. Unter "symbolischer Ordnung" ist ein Ensemble von Kommunikationssystem, Signifikantenprozeß und unbewußter Einschreibung zu verstehen. Der "symbolischen Ordnung", die eben auch das Unbewußte strukturiert, untersteht auch die Formierung von Subjektivität, die gleichzeitig von unbewußten und bewußten sprachlichen Prozessen bestimmt wird.
Es leuchtet ein, daß die theoretische Disqualifizierung des "Natur-Kultur-Dualismus" weitreichende Folgen auch und gerade im Zusammenhang feministischer Theorie und Praxis haben muß. Weder wird man von einer einfachen Relation 'Individuum'/Umwelt ausgehen; wobei das 'weibliche Individuum' dieser Rede zufolge der Umwelt besonders nahe steht. Ebenso wenig kann man einfach von den durch menschliche '(Klassen-) Subjekte' produzierten "gesellschaftlichen Verhältnissen" ausgehen. Warum nicht? Weil Subjektivität als solche nicht nur symbolisch 'vermittelt', sondern von Grund

auf symbolisch konstituiert ist. Dies sind die theoretischen Felder der Arbeit von Luce Irigaray. Sie ist sozusagen an der De-Konstruktion der "gesellschaftlichen Arbeit des Symbolischen" interessiert. Und diese gesellschaftliche Arbeit des Symbolischen ist, wie skizziert, eingeschlechtlich oder phallogozentrisch konstituiert, was die Abwesenheit der Frauen in der Spekulation des 'Weiblichen' zur Folge hat. Sofern die Frauen in der "symbolischen Ordnung" abwesend sind, ist jede Rede von 'Identität' und 'Differenz' Irigaray zufolge sinnlos. In anderen Worten: Irigaray bezweifelt nicht die Prägung des Wirklichen als Wirkung der "symbolischen Ordnung", sondern deren 'Neutralität'. Es scheint einsichtig, daß Luce Irigaray im Zuge dieser kritischen Arbeit auf eine im Rahmen der Psychoanalyse ungeklärte Frage stoßen muß. Nämlich auf die präödipale Mutter-Tochter-Beziehung, die Freud eingestandenermaßen im Dunkel liegen lassen mußte. Irigaray kann diese Dunkelstelle nur symptomatisch lesen. Sie besagt, daß es "in der gegenwärtigen Logik der Repräsentation" keine Möglichkeiten für die Symbolisierung des Verhältnisses zwischen Mutter und Tochter gibt. Denn beide haben "keinen Eigennamen, kein eigenes Geschlecht"; sie sind nicht "über das Verhältnis der einen zur anderen 'identifizierbar'". Diesem Verhältnis gilt daher das besondere theoretische Interesse Luce Irigarays. Es verbindet sich mit einer symbolischen Lektüre des weiblichen Körpers, der gewissermaßen eine andere Ökonomie ermögliche: gegenüber der phallischen Dominanz des Sichtbaren und damit des Gestaltismus gerät das Sichtbare in Verzug zugunsten einer Ökonomie des Flüssigen und der Übergänglichkeit von Innen und Außen. Unter diesen Perspektiven wird der theoretische Bruch mit einer phallogozentrischen 'symbolischen Ordnung' geprobt.
Und zumal die späteren Schriften Luce Irigarays wollen ihrerseits ein praktisch-politisches Feld eröffnen. Dabei geht es um die Selbstkonstitution der weiblichen Gattung und das heißt: um die Selbstkonstitution oder Schöpfung eines weiblichen "Symbolischen". Hier schlägt sie die Ausbildung von Riten und Ritualen als Repräsentation weiblicher Sublimation oder Kultur vor. Gerade die letzten Publikationen aber scheinen mir dazu angetan, das Denken der Differenz zugunsten einer Logik der Identifikation und damit ei-

ner weltanschaulich-substantialistischen Variante einer erneuten Logik des Gleichen Vorschub zu leisten. Doch darüber könnte, ich meine: darüber müßte debattiert werden.

Mit diesem höchst skizzenhaften Rückblick auf die Philosophie Luce Irigarays wollte ich auf ein, wie ich meine, grundlegendes Problem der Politik des 'affidamento' aufmerksam machen. Zum einen nämlich versucht diese Politik sich durch den Rückbezug auf diese Philosophie zu legitimieren. Das heißt: sie nimmt sie für sich legitimatorisch in Anspruch. Zum andern aber entfaltet sie ihren philosophischen Hintergrund nicht, sondern überführt ihn in eine Diskurs-Praxis der Evidenz und der am Tage liegenden Sichtbarkeit. Damit aber wird zugleich eine Trivialisierung herbeigeführt, die ihrerseits durch die philosophischen Anspielungen an Bedeutung gewinnt. Aufgeladene Trivialisierungen aber zeitigen Machteffekte: Es ist nämlich so ähnlich wie mit des Kaisers Neuen Kleidern, diesem wunderbaren Märchen von Andersen. Nur weil es sich um den König handelt, wird dessen menschliche Nacktheit und Notdürftigkeit nicht gesehen.

Ist aber das 'affidamento' auf dem Wege einer Selbstschöpfung der weiblichen Gattung als Effekt der Ausarbeitung einer weiblichen Symbolik? So suggeriert doch der Text oder das Kleid, das diesem Postulat umgehängt ist. Denn selbstverständlich ist das Märchen von des Kaisers Neuen Kleidern auf die Kulturpraxis des Schreibens, des Textes und seines Gewebes zu beziehen. Mir scheint also, daß das Neue an dieser Politik untergeht in dem Maße, wie es sich auf populistische, also auf machttechnische Weise philosophisch zu legitimieren sucht. Einerseits geschichtsphilosophisch: Das Ziel allen Feminismus' ist die 'Politik des affidamento'. So suggerieren es die Erzählungen, die auch immer mit O-Tönen, das heißt wörtlichen Zitaten aus weiblicher Feder arbeiten. Vor allem aber wird eine höchst komplexe, vielleicht auch höchst problematische Philosophie, die die abendländische episteme zu durchbrechen sucht, annektiert. Warum? Um die eigene politische Praxis zu nobilitieren: als Realisation, als Verwirklichung einer weiblichen Symbolik, die die Alterität nun voll zum Zuge kommen ließe.

* Vortrag in der Frankfurter Frauenschule, Sommer-Woche 1989. Der Text erscheint ebenfalls in veränderter Form in einem Sammelband mit Texten von Marianne Schuller im Verlag Neue Kritik, Frankfurt, im Sommer 1990.

Alexandra Pätzold
An der Grenze von Physis und Metaphysik
Zur Geschichte des Geschlechterverständnisses

Am Beispiel von Linnés Sexualsystem (1735) und von Lavaters physiognomischen Studien (1775) möchte ich auf Denk- und Erörterungszusammenhänge (Diskursformationen) des Geschlechterverständnisses eingehen, die heutigen Vorstellungen so innewohnen, als seien sie natürlich und nicht durch kulturelle Einübung erworben. Ich meine damit die Ineinssetzung von Körper, Geschlecht und Fortpflanzung, von Sexualität und Erleben.
Wahrscheinlich seit dem fünfzehnten Jahrhundert sind die Vorstellungen von Mann und Frau im Blick auf den Körper gedacht worden[1]. Mann und Frau werden Unterschiede in der Körpererscheinung und -haltung und in ihrer Sinnestätigkeit zugeordnet, die über die mit den Augen beobachtbare physische Beschaffenheit der Körper hinausgehen und so die hierarchische Ordnung zwischen den Geschlechtern aufrechterhalten. Beim Sinnesanblick von Mann und Frau wird Wahrnehmung als Sinnesformation eingeübt, indem Nicht-Sichtbares mitgedacht wird. Ein sichtbares Außen und ein nicht-sichtbares Innen werden bis zur Kongruenz verschmolzen. Mich interessiert hier der Teil der Kongruenz, der sich auf Geschlecht und Erleben bezieht.
Einleitend möchte ich an zwei Beispielen des zwanzigsten Jahrhunderts erläutern, was ich mit der Kongruenz von Körper, Sexualität

und Erleben meine.
Aus der Fülle möglicher Beispiele habe ich ein Titelblatt der Illustrierten "Stern" aus dem Jahre 1985 (Nr. 38, 12.9.1985) und ein Ölbild von Ernst Ludwig Kirchner aus dem Jahre 1923, "Das Paar vor den Menschen" (Hamburg, Kunsthalle, 150,5 x 100,5 cm; Katalog Hamburg, S. 176), ausgewählt.
Einen "Stern"-Titel neben ein Gemälde von Kirchner zu stellen, ist eine Provokation. Das ist mir bewußt. Aber sie macht deutlich, daß es ein Verständnis der Geschlechter gibt, welches quer zu den Grenzen von U- und E-Medien, von Funktion und Thema existiert.
Die beiden nackten Gestalten von Mann und Frau haben unterschiedliche Kopf-, Körper- und Armhaltungen. Sie sind unterschiedlich groß. Der Blick aufeinander unterscheidet sich.
Aber: Unser Blick auf das jeweilige Paar zeigt sehr Ähnliches. Die genannten Unterschiede im ersten Beispiel kehren im zweiten wieder - und sind auch an vielen anderen Darstellungen nackter Paare zu beobachten.
Die Tendenz ist immer die gleiche:
Der Mann ist größer, breiter und dunkler als die Frau. Sein Blick ist zielgerichtet - entweder auf die Frau oder bedeutungsvoll in die Ferne. Ihre Augen sind entweder halb geschlossen, oder der Blick ist diffus. Sie fügt sich in seinen Körperraum und läßt sich von ihm führen. Ihm wird die Handlung, die Geste, der Blick, Bewegung und Lebendigkeit im Äußeren zugeschrieben. Ihr wird Verharren und Innehalten im Äußeren als Ausdruck eines inneren Abwartens und Orientiertseins auf ihn zugeordnet. Unser Blick auf Mann und Frau ist in zahllosen solchen Darstellungen systematisch gebündelt. Wir blicken in visuellen Medien - ganz im Gegensatz zu der Fülle möglicher und auch stattfindender nicht-medialer, sondern persönlicher Blicke auf die Umwelt - immer auf das gleiche Schema, zu dem obendrein noch gehört, daß diese Körper, die äußerlich ganz platt auf diese Erscheinungsmerkmale getrimmt sind, jugendlich dargestellt sind. Alter gehört nicht zum Geschlechterparadigma von Körper, Sexualität und Erleben.
Im Gegensatz zu der Ähnlichkeit in der Sicht auf die Geschlechter haben beide Darstellungen unterschiedliche Themen.

Der "Stern"-Titel bezieht sich auf Empfängnisverhütung. Die Schlagzeile lautet: "Wer muß verhüten? - Streit zwischen Frau und Mann". Wie in anderen Darstellungen auch stellt die Nacktheit der Bildfiguren den Bezug zu Fragen der Zeugung und Fortpflanzung her. Soweit stimmen Bild und Text überein. Dann aber ist die Rede von einem "Streit zwischen Frau und Mann". Davon ist im Bild nichts zu sehen. Beim Schauen auf die Nacktheit und die Körper- und Blickbeziehungen des Paares werden wir stattdessen ins Legoland der Gefühle entführt. Unser Blick füllt sich mit dem klischierten Traum vom Glück in der Liebe, vom Glück in der Heterosexualität. Ins Schauen mischt sich dann unser Wissen, daß dieses Traumbild Kaufanreiz ist, und daß der Körper Warencharakter hat. In dieses Wissen um Werbestrategien und Warencharakter und in die öffentliche Verführung zum Harmonietraum der Geschlechter ist - ganz systematisch und ohne daß wir es überhaupt noch wahrnehmen - das Raster von Mann und Frau ins Bild gebracht, als sei es das Natürlichste von der Welt.

Kirchners Bild ist aus persönlicher Opposition entstanden. Er malte es als Traum von der freien Liebe jenseits gesellschaftlicher Konvention, als wollte er sagen: 'Seht den Neid der alten Männer und Weiber auf die Liebe der ewig Jungen in freier Natur'. Die im Rhythmus des Mannes unter blauem Himmel Schreitenden sind im Bild den bösen Blicken aus dem Dunkel ausgesetzt. Liebe - im Bild des nackten Paares ausgedrückt - ist Licht, Luft, Sonne, die vom Dunkel ätzender Gefühle geschnitten wird. Kirchner malte sein Bild als Plädoyer für die freie Liebe, aber es existiert - wie die Illustrierten-Liebe auch - im Raster der hierarchisierten Körperbeziehung.

Das Bildzeichen für Liebe, Sexualität und Sinnenfreude ist geprägt von den Unterschieden in der Erscheinung von Mann und Frau, die weit über die empirisch beobachtbare physische Beschaffenheit der Körper hinausgehen.

Hier genau liegt die Grenze, die mit dem Titel meines Referates gemeint ist: die Grenze zwischen der Physis, dem Körper und seiner Beschaffenheit, und der Metaphysik, seiner Einbindung in ein Netz von Bedeutungen, das an das mit den Augen Wahrnehmbare geknüpft ist. Genau durch diese Vermischung von Beobachtbarem

und von in das Beobachtbare eingeschriebenen Bedeutungen entsteht das Bildzeichen, das ganz stillschweigend die Darstellung von Mann und Frau als hierarchisiertes Kräfteverhältnis der Natur vorstellt und weiter transportiert.
Ich wende mich nun drei Gesichtspunkten zu, die diesem Bildzeichen vorausgehen müssen, damit es wahrgenommen werden konnte, und die ins achtzehnte Jahrhundert zurückführen: in die historisierende Betrachtung der Natur (Foucault, 1974). Bei dieser Art von Betrachtung der Natur wird eine "Reduktion des Naturbegriffes auf die Abfolge von Phänomenen" vorgenommen, "die experimentell festgestellt und gemessen werden können" (Duden, S.195). Erst diese "Untersuchung der Natur durch die Wissenschaften (stellt) jene Stereotypien bereit, in denen das Geschlechterverhältnis begriffen und der 'Kultur' enthoben werden konnte". (Duden, S.38)

1. Gattung und Geschlecht, Begattung und Fortpflanzung
1735 hat der Naturforscher Carl von Linné (1707-1778) in seinem "Systema naturae"[2] eine Klassifikation der Lebewesen vorgenommen, die nicht am Menschen orientiert war, und die auch nicht von Tieren, sondern deren Systematisierung von Pflanzen ausgeht. Linné betrachtete dabei nicht das Innere der Anatomie bzw. Funktionsabläufe der Organe von Tieren und Menschen, wie später in der Biologie, sondern er orientierte seine Systematik der Natur an der Vermehrungsweise von Lebewesen. Diese für alle Lebewesen geltende Ordnung nach der Vermehrung exemplifizierte er an den Pflanzen. Sein "Methodus sexualis" unterscheidet die Pflanzen während der Blütezeit und nach den für ihre Vermehrung als notwendig erachteten Teilen. So werden Staubfäden und Stempel in Analogie zum menschlichen Zeugungsakt zu 'männlichen' und 'weiblichen' Teilen der Pflanze gemacht und - in mathematischer Ordnung - ins Zentrum des Blickfeldes gerückt. Diese Pflanzenteile sind zwar mit bloßem Auge sichtbar, aber nur, indem man die Blüte sozusagen 'entkleidet', sie ihrer Blätter 'beraubt' und sie so dem Zustand der Nacktheit annähert.
Linné teilte die Pflanzen in vierundzwanzig Klassen. Merkmal der Klassen waren die 'männlichen', Merkmal ihrer Untergruppierung,

der ordines, die 'weiblichen' Pflanzenteile.
Damit wurden Gattung und Geschlecht zum Inbegriff von Naturordnung. Natur wurde unter dem Aspekt der 'Fort-Pflanzung', der geschlechtlichen Vermehrung bzw. Arterhaltung, kategorisiert. Ihre Makro-Ordnung wurde männlich, die Mikro-Ordnung weiblich vorgestellt.
Für unseren Zusammenhang ist es von besonderer Bedeutung, daß alle Unterscheidung am Sichtbaren getroffen wurde, und daß das Sichtbare erst durch besondere Gedankenverknüpfungen bzw. Labormanipulationen hergestellt wurde.
Die erste Illustration zu Linnés Sexualsystem wurde 1736 von dem deutschen Pflanzenmaler G.D. Ehret ausgeführt und von ihm als eigenständiger Druck veröffentlicht[3] (Abb.1, s. folgende Seite).
Die verschiedenen Pflanzenklassen sind alphabetisch in sechs Viererreihen und nach Anzahl und Form der 'männlichen' Teile geordnet. Klasse A zu Beginn hat ein männliches Teil neben dem weiblichen, B zwei, C drei usw. bis zur Klasse N, in der zwanzig und mehr männliche Teile um ein weibliches Teil gruppiert sind. Klasse O und P z.B. sind nach der Länge des männlichen Teiles gebildet. Beschrieben wird dieses System von Linné als "Hochzeit der Pflanzen": die Klassen Q bis T z.B. nach der Art, wie die "Gatten" miteinander oder wie bei U ("Gynandria") mit dem weiblichen Teil verwachsen sind. Wenn die Blüten nicht sichtbar sind - wie bei A bis Y - und "für alle augenscheinlich, (wird) die Hochzeit offen gefeiert". Beim größten Teil dieser "öffentlichen Hochzeiten" - bei A bis U - "erfreuen sich Gatte und Ehefrau in ein und demselben Bett": diese Blüten werden Hermaphroditen genannt. Wenn sich die "Ehegatten und Frauen in verschiedenen Betten vergnügen" - wie bei Klasse V bis Y -, dann handelt es sich um zwei verschiedene, maskuline und feminine, Blüten der gleichen Pflanzensorte; wobei die Klasse der "Polygamia" - das ist hier Y - am vielfältigsten ist: "Die Ehegatten wohnen den Gattinnen *und* Unverheirateten in unterschiedlichen Betten bei" - Bezeichnungen, um drei verschiedene Blüten ein und derselben Pflanzensorte zu unterscheiden.
Die Rede von der Hochzeit, dem Zeugungsakt, Hermaphrodit und Poly- oder Cryptogamien ist die Nomenklatur Linnés.[4] Es sind sei-

Abb.1: G.D. Ehret, Illustration des Methodus plantarum Sexualis in Sistemate Naturae von Carl v. Linné, Stich, 1736

ne eigenen Worte. Er hat sie zusätzlich zur botanischen Beschreibung geäußert - und ist dafür schon zu seinen Lebzeiten angegriffen worden: "Welcher Mensch wird glauben, daß Gott solche Hurereien zur Fortpflanzung im Gewächsreich eingeführt hat? Wer kann ein so wollüstiges System ohne Anstoß der studierenden Jugend vortragen?" - empörte sich ein Botaniker.[5]
In der Bildfassung hier wird eine solche Gefahr für die Jugend nicht deutlich. Hier steht die Vereinheitlichung im Vordergrund, der wissenschaftliche Aspekt der Systematisierung.

Die Erscheinung der Blüten ist an den 'männlichen' Teilen orientiert. Ihre Bewegung und Vielfalt bestimmt den Blick. Die sog. weiblichen Teile fallen kaum ins Auge. Sie stehen - wie es sich gehört - an ihrer Seite - wie in der Klasse A. Oder sie werden von den "Ehegatten" umstellt bzw. räumlich eingegrenzt - wie in B bis P. Nur in der untersten Reihe sind die "Frauen" deutlicher erkennbar - in den Klassen von V bis Z -: Das sind dann aber auch die anrüchigeren Kombinationen, in denen Männer und Frauen in verschiedenen Häusern wohnen und die Gatten gar - wie in den Polygamien (Y) - Ehefrauen und Unverheiratete bschlafen. Werden die Frauen sichtbar, müssen sie gleich bewertet werden!
Solche Bewertungen machen deutlich, daß männlich und weiblich mehr als neutrale Objektiva sind. Wenn sich die Lust am Geschlechtlichen einschleicht, sind die Moralisierungen nicht weit.
Von Bedeutung für unser Thema ist, daß die Ordnung nach der sexuellen Funktion auch die Grundlage für die visuelle Fassung abgibt. Nicht die äußere Erscheinung der Blüte insgesamt oder gar der ganzen Pflanze kommt zur Abbildung. Denkgerüst bilden die Geschlechtsteile. Der Anspruch, daß damit das entscheidende Kriterium zur Ordnung aller Lebewesen gefunden sei, liegt der kompositionellen Gliederung zugrunde. Überschaubarkeit und Vereinheitlichung sind die Signale. Der Blick auf das Außen ist der Gegenstand der Blicksystematisierung, die Unterscheidung nach dem Geschlecht ihre Strukturierung.
Das System ist am Blick auf das Außen des Gegenstandes entwickelt, die Struktur am Unterschied der Geschlechter.

2. Der absolute Blick der Empirizität
Der Sinn dieser Art von Naturgeschichte ist, "die *Dinge* gleichzeitig mit der *Rede* und dem *Blick* zu verschmelzen" (Foucault, 1974, S. 172). Der Blick allein ist schweigsam. Erst die Verbindung von Blick und Rede eröffnet die allgemein gültige Ordnung. Das Neue an dieser Art, Geschichte zu machen, ist das "fast exklusive Privileg der Sehkraft". (Ebend. S. 174)
Was das heißt, möchte ich an dem berühmten Stich des französischen Architekten Claude-Nicolas Ledoux (1736-1806) erläutern,

der das rechte Auge eines Mannes zeigt.[6] In seiner Pupille zeichnet sich der Saal des von Ledoux zwischen 1775 und 1785 erbauten Theaters in Besançon konkav ab (Abb. 2).[7]

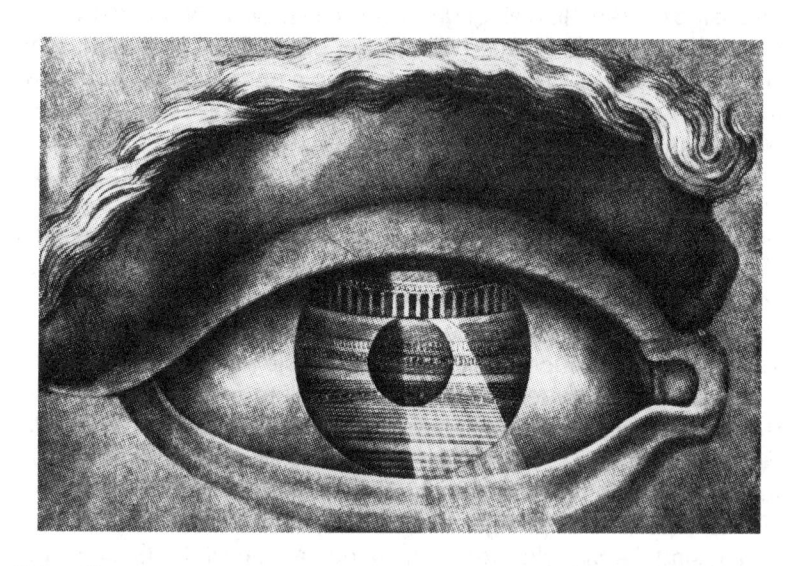

Abb.2: Claude-Nicolas Ledoux, Auge, in dem sich der Saal des Theaters von Besançon spiegelt, Stich, 1775-1784

Das "Privileg der Sehkraft" wird in der Wahl des Auges, dem menschlichen Organ dieser Sinneskraft, zum Bildgegenstand deutlich. Die Sehstrahlen, die wie gebündeltes Licht von oben auf die Pupille fallen, zeigen die Tätigkeit des Organs. Seine Inszenierung unterstreicht die Bedeutung: Das Auge füllt das ganze Blatt. Es ist ganz aus der Nähe gesehen, wie es wohl nur in einer optischen Vergrößerung erscheinen kann. Aus dem Kanon der anderen Gesichtssinne - dem Hören, Riechen und Schmecken - ist es herausgelöst. Darin wird die sinnliche Beschränkung deutlich, die freilich als systematische Konzentration verstanden werden soll, wie seine Monumentalisierung zum Zeichen für Sehkraft schlechthin nahelegt.

Die Organisation der Sehkraft wird in der geometrischen Abstraktion sowohl des Auges wie auch des in seinem Sichtfeld abgebildeten Gegenstandes deutlich. Braue und Lider umgeben die Pupille wie Ellipsen einen Kreis. Außen- und Innenkreis der Pupille ergeben ein Sichtfeld, das ellipsoid von Horizontalen gegliedert ist. Die Architekturteile des Innenraumes sind axial auf den Innenkreis der Pupille bezogen, so daß die Säulenreihe oben auf dem Innenkreis steht, der wiederum bis zu den Rängen des Zuschauerraumes unten reicht.

Die Vereinheitlichung von Auge und darin Abgebildetem nach mathematischen Prinzipien sichert die strukturelle Ähnlichkeit. Das Sichtbare wird geordnet und damit zu einem Wissensgebiet gemacht, das den Menschen und sein Sichtfeld gleichzeitig ins Zentrum rückt.

Im Linnéschen Beobachtungssystem wird die Blickbündelung auf die Sexualorgane beschränkt - als allgemeiner Ausdruck der Gesetze der Natur. In der Ledouxschen Systematisierung verwandelt die Sehkraft des Männerauges einen beliebigen Raum in einen öffentlichen Raum als allgemeinen Ausdruck der bürgerlichen Weltsicht. Der einzelne, zufällige, ständig wechselnde Blick des Auges wird zum Paradigma gewandelt, in dessen Blickfeld immer die gleichen Gegenstände erscheinen - z.B. Körper, Sexualorgane, Männer oder Frauen. Das Sichtbare dieser Blickgegenstände wird nach allgemeinen Gesetzen geordnet - z.B. durch mathematischen Aufbau der Komposition - in Vierergruppen oder Reihen wie beim Linnéschen System oder in Kreisen und Ellipsen beim Ledouxschen Auge. So wird die Einheit des Denkens im Bereich des Visuellen hergestellt.[8]

Was die Sprache für die Rede ist, ist die Bildkomposition für das Visuelle. So wird Sehkraft inthronisiert. Das Auge des Mannes wird zum Ort der Krönung. Seine Sehkraft wird zum absoluten Blick, der sieht, ohne gesehen zu werden.[9] Die Bedeutung der Gegenstände in seinem Blick wird universalisiert: im Beispiel Linnés die Sexualorgane und das Männliche und Weibliche.

3. Die männliche Erleuchtung beim Beobachten der Natur
Zur Physiognomik Lavaters

In seinen 1775-1778 erschienenen "Physiognomische(n) Fragmente(n) zur Beförderung der Menschenkenntnis und Menschenliebe" hat Johann Caspar Lavater (1741-1801) sich selbst als "(bloß) beobachtenden Naturforscher" bezeichnet (Lavater III, S.8), der eine "wahre, in der Natur gegründete" - und nicht bloß erdachte - "Wissenschaft" betrieb. (Ders. I, S.a2)

Bei der Physiognomik ging es ihm "um die Fertigkeit durch das Aeußerliche eines Menschen sein Inneres zu erkennen; das was nicht unmittelbar in die Sinne fällt, vermittelst irgend eines natürlichen Ausdrucks wahrzunehmen". (Ebend. S.13) In den Varianten der Physiognomien bekommt er eine "dunkle Empfindung des Unterschiedes des innern Charakters nach dem Unterschiede des Aeussern". (Ders. III, S.9) Dunkel ist die Empfindung für Unterschiede in der "inneren Geistesnatur und inneren Körpernatur" solange, wie es "keine anschauende Erkenntnis" (ebend. S.9) im Lichte wissenschaftlicher Beobachtung, keine Erkenntnis im Lichte der Empirizität gibt: "So lange halt ich's für Vermessenheit und Träumerey, über die Natur der Seele und des Körpers, ihre Vereinigung und Ineinanderwürkung, metaphysische Systeme zu bauen." (Ebend. S.9)

Er ist aber doch zu Beginn seiner "allgemeinen Betrachtungen" über "Frauenspersonen" im Besitz eines solchen metaphysischen Systems, wenn er bestimmten Blicken aus dem Weg geht (ebend. S.290): "Soviel muß ich gleich anfangs sagen: Ich weiß sehr wenig über die weibliche Hälfte des menschlichen Geschlechtes zu schreiben; der gemeinste Weltmann muß mehr davon wissen. Ich habe äußerst selten Anlaß gehabt, weibliche Geschöpfe zu kennen, wo sie gekannt und studieret werden können. Ich habe sie nie im Schauspiele, nie beym Tanze, nie beym Spiele gesehen. In meinen frühern Jahren war ich beynahe weiberscheu - und ich war nie ---- verliebt."

Mit dieser fettgedruckten Beteuerung, nie verliebt gewesen zu sein, will er offensichtlich seine wissenschaftliche Verläßlichkeit herausstreichen, die dort gefährdet zu sein scheint, wo sein Blick getrübt

werden könnte - durch den Anblick von Frauenspersonen. Er warf deshalb nie ein Auge auf sie beim Schauspiel, Tanz oder Spiel und hielt sich von diesen Vergnügungsorten fern, um sich nicht durch die Bannkraft des Blickes in niedere Gefühle verstricken zu lassen.
Das Auge physiognomischer Studien bleibt kalt und tritt nur an angemessenen Orten und bei standesgemäßen Personen in Aktion! Trotz dieser fehlenden Erfahrung an eigener "anschauender Erkenntnis" hat er doch präzise Vorstellungen vom "männlichen und weiblichen Geschlecht", die an ein metaphysisches System grenzen, wenn er sagt:
"Wie viel reiner, zarter, feiner, reizbarer, empfindlicher, bildsamer, leitsamer, zum Leiden gebildeter ist das weibliche Geschlecht, als das männliche", (ders. III, S.294), und wenn er "noch ein physiognomisches Wort über das Verhältnis beyder Geschlechter sagt", sagt: "Der Mann fester - das Weib weicher. Der Mann gerader - das Weib schlanker. Der Mann steht - das Weib tritt leise auf. Der Mann schaut und beobachtet - das Weib blickt und empfindet. Der Mann ist ernst - das Weib leicht. Der Mann höher und breiter - das Weib glätter und sanfter. Der Mann brauner - weißer das Weib. Faltiger der Mann - einfaltiger die Frau. Stärker und kürzer behaart der Mann; zärter und länger das Weib. Der Mann hat gedrängtere Augenbrauen; lichtere das Weib. Der Mann hat mehr vorgebogene Linien; mehr einwärtsgebogene das Weib. Mehr geradlinigt ist der Mann - bodenlinigter das Weib. Mannsgesicht ist im Profil seltener perpendikular, als das Weib. Eckigter der Mann; runder das Weib." (Ders. III, S.297)
All die verschiedenen beschreibenden Komparative sind fettgedruckt im Originaltext und verdeutlichen Vielfalt und Unterscheidung.
Der Mann bei Lavater steht, schaut und beobachtet, ist ernst, hoch und breit, ist braun und stark im unterscheidenden Vergleich mit der Frau. Seine Beobachtungsgabe und sein Ernst werden hervorgehoben, seine Körpererscheinung von der der Frau abgegrenzt.
Wie bei Linné geht es auch hier um die vergleichende Unterscheidung von Männlich und Weiblich. Aber diese Unterscheidung bildet nicht mehr die Grundlage für die Systematisierung. Nicht die Sexu-

alorgane, die im übrigen beim Menschen ja auch nur teilweise sichtbar sind, bilden das Merkmal der Ordnung, sondern die Körpererscheinung von Mann und Frau. Von Fortpflanzung ist nicht die Rede. Stattdessen gerät der Körper ins Sichtfeld. Er ist der Gegenstand der Aufmerksamkeit. Aber nicht seine Bedeutung für die Arterhaltung steht im Vordergrund, sondern der Mensch und seine Seele rückt ins Zentrum des Wissens. Die systematische Beobachtung gilt seinem Körperaußen. Dies soll Zugang zum Dunkel der Seele gewähren. Die Kenntnis der Seele innen wird durch die Beobachtung der äußeren Erscheinung versprochen. Die Präzision der Beobachtung wird die allgemeinen Gesetze der Natur ans Licht des Tages bringen. Der Blick auf das Außen wird auch das Innere ausleuchten.

Die Empirizität des Blickes wird so hoch eingeschätzt, daß sie auch Kenntnis des Nicht-Sichtbaren erlangen kann. Die Ordnung des Sichtbaren umfaßt auch das Nicht-Sichtbare. Außen und Innen werden nach den gleichen Prinzipien gedacht. Unterschiede im Äußeren der Körpererscheinung bedeuten auch Unterschiede im Innern der Seele. Innen und Außen bilden eine Analogie, mit der der Mensch und seine Seele wissensmäßig erforscht werden können. Strukturell wird diese Analogie aber bedingt durch die Unterscheidung in Männlich und Weiblich und deren Ordnung im "Verhältnis beyder Geschlechter". Sie ist prinzipiell Grundlage aller Erforschung des Menschen. Bevor sich die Sehstrahlen wie bei Ledoux zum beobachtenden Blick des Männerauges bündeln, sind sie im Paradigma Mann-Frau strukturiert, das Voraussetzung und nicht Ergebnis der Naturerforschung ist.

Seit der wissenschaftlichen Anerkennung des Linnéschen Systems und auch über seine Ablehnung im neunzehnten Jahrhundert hinaus ist das Geschlechterparadigma eine so selbstverständliche Grundlage des Wissens vom Menschen geworden - wie ich vermute -, daß es als Aussage nicht mehr hinterfragt wird. 'Mann und Frau' werden zu einer die Naturgeschichte konstituierenden Denkeinheit, die ursächlich auf der Fortpflanzungsideologie gründet. Ihre kognitive Verbindung mit Sexualität wird nicht verbalisiert, kommt aber im Blick auf den Körper zum Ausdruck. Denn der Blick auf den Körper ist vom Manne aus gedacht. Fällt er auf den falschen Gegenstand, können Empfindungen in seinem Innern ausgelöst werden, die ihn gefährden. Mit seiner empörten Abwehr des Verliebtseins hat Lavater auf solche, den Status des Mannes gefährdenden Blicke verwiesen. Beobachtet er den weichen, schlanken, glatten, sanften und weißen Körper des Weibes, glaubt er seine Standfestigkeit bedroht. Es erscheint ihm ratsam, solche Blicke zu vermeiden und sie aus dem Blickfeld des beobachtenden Forschers zu verbannen. Weiberscheu schützt vor solchen falschen Blicken, die Auslöser niederer Empfindungen sein können.

Mit diesen Aussagen in der Physiognomik ist die Verbindung von Gattung und Geschlecht im Bild von Mann und Frau, die Bedeutung des Kontrollblicks und die Analogie von Außen und Innen, von Empfindung und Gefühl festgeschrieben. Erleben wird - mit der Logik dieser Denkgestalt - nach Körpergeschlecht geregelt. Die Frau ist reizbarer als der Mann, stellt Lavater fest und meint damit, daß der Blick nach außen für die Frau bedrohlicher ist als für den Mann. Der nämlich kann ihn in der Beobachtung kontrollieren, sie aber wäre ihm ausgeliefert.

Ein Blick auf die Titelvignette zu Lavaters erstem Band von Daniel Chodowiecki (1726-1801) verdeutlicht und erweitert die Zusammenhänge zwischen dem Geschlechterentwurf, dem Sehsinn, der Körperauffassung und seiner Deutung als sichtbares System der Seele (Abb. 3, s.folgende Seite).

Die Darstellung des Genius der Physiognomik beschreibt Lavater so: "Sieh die warnende Güte! Sieh die Erfahrung, die still prüft, an des Genius' Seite, der anschaut, was die Natur zeigt." (Ders. I, S.a)

In einer Landschaft vor einer Pyramide, die die Wahrheit versinnbildlicht (ders. III, Titelvignette) sitzen bzw. stehen diese Allegorien, die geschlechtlich unterschiedlich verkörpert sind. Der Genius der Physiognomik ist eine nackte Jünglingsgestalt mit Flügeln und einer Flamme der Erleuchtung über dem Kopf. Er lehnt sich zurück im Schoß einer bekleideten jungen Frau, der Allegorie der Herzensgüte, deren Augen auf ihm ruhen. Sein Blick ist nach rechts gerichtet.

Abb. 3: Daniel Chodowiecki, Titelvignette zu J.C.Lavater, Physiognomische Fragmente zur Beförderung der Menschenkenntnis und Menschenliebe, Erster Versuch, Leipzig/Winterthur 1775

Dort steht eine zweite bekleidete junge Frau. Sie hält mit weit ausgestreckten Armen eine große Tafel vor ihrem Körper, auf der je sechs Köpfe von Frauen und Männern in zwei Reihen untereinander geordnet und in verschiedenen Ansichten gezeichnet sind. Mit Mauerkrone und vielen Brüsten der Artemisstatue von Ephesus nachgebildet, ist sie die Personifikation der Natur. Zwischen ihr und dem Jüngling sitzt ein bekleideter Mann, dessen ganze Aufmerksamkeit einem Meßgerät in seinen Händen gilt.
Für unseren Zusammenhang ist die Geschlechterzuordnung von besonderer Bedeutung. Natur und Gefühl sind in weiblichen, Erfahrung und Erkenntnis in männlichen Gestalten angesiedelt. Wieder geht es um die Unterschiede im Körpergeschlecht. Aber hier werden die Unterschiede in der Körperbeschaffenheit dazu benutzt, um Eigenschaften und gesellschaftliche Positionierung sichtbar zu machen. Den Frauen werden Seinszustände zugeordnet. Ihre Körper

bilden Grund und Folie für die Männer. Den Männern werden Tätigkeiten, Blick und Geste aufgeschrieben. Unveränderbarer Natur-Zustand im Körper und im Gefühl ist weiblich. Tätigkeiten - durch Sinnesreize der Augen hervorgerufen und im zeitlosen Feuer der Erkenntnis geordnet und mit den Händen überprüft - sind männlich. In der beobachtenden Wahrnehmung des Besonderen - in diesem Fall der einzelnen Physiognomie - soll die Natur erschaut, ihr Allgemeines erblickt, die Wahrheit gefunden werden. Frauen bilden die Natur-Körper, von denen die Männer im anderen Geschlechtskörper abgegrenzt sind. Der weiblich verstandenen Natur wird die männlich verstandene Kultur entgegengesetzt. Sein und Veränderung, Gefühl im Körperinneren und ordnender Verstand in Blick und Geste des Außen werden in verschiedenen Geschlechtskörpern versinnbildlicht.

Denken wir an Lavater und seine Charakterisierung des Gefühls als Dunkles, Nicht-Sichtbares, dann wird die Konnotation beim Anblick der Frau deutlich: Sie "tritt leise auf", wie eine Erscheinung des Nicht-Sichtbaren, die erst durch die Erkenntnis des Mannes beleuchtet wird, und so überhaupt erst ins Licht rückt. Ihre Wahrnehmung ist an das Geschlechterverständnis gebunden. Ohne den Mann keine Frau. Im Geschlechterparadigma hat die Frau ihren Platz, der in Ergänzung zum Mann gedacht ist.

Die ursprünglich strukturelle Unterscheidung von Männlich und Weiblich im Sexualsystem Linnés ist bei Chodowiecki universalisiert in eine Dichotomie von Natur und Kultur, deren Wahrheit mit der Beobachtungsgabe des Männerblicks begründet wird. Der Kampf um die Beherrschung der Natur - das große Thema der vergangenen Jahrhunderte (16.-17.Jh.) - wird nun (?) dem Geschlechterparadigma unterlegt. Es wird zum Vehikel dieses Antagonismus' gewählt. Mit der Empirizität des Blickes wird ein Kräfteverhältnis von Sichtbarem und Nicht-Sichtbarem hergestellt, das ein Machtverhältnis am Körper beschreibt:

So unveränderbar wie die Körperbeschaffenheit ist das Geschlecht. Die Gattung Mensch ist Mann und Frau. Der Unterschied an ihren Körpern ist - weil sichtbar - ein Objektivum. Dieses Objektivum ist die Grundlage für das Machtverhältnis.

Die Ideologie setzt am Körper an und deutet diesbezügliche Unterschiede als Beweise für unterschiedliche Bewertungen, nach dem Motto: Ein anderer Körper hat auch eine andere Bedeutung in Kultur und Gesellschaft. Unterschiede im Sichtbaren bedeuten Unterschiede in der Bewertung. Die Regel ist am Sichtbaren orientiert und legt die Norm in der Beschreibung von Unterschieden fest: Der Blick des Mannes macht die Darstellung von Mann und Frau zur Norm.

Anmerkungen:
1) Vgl. dazu Daniela Hammer-Tugendhat, Jan van Eyck - Autonomisierung des Aktbildes und Geschlechterdifferenz, in: kritische berichte, Zeitschrift für Kunst- und Kulturwissenschaften, Heft 3, Jg. 17, 1989, S. 78-99
2) Carl Linnaeus, Systema maturae sistens regna tria naturae in classes et ordines, genera et species. Erstausgabe Leiden 1735. "Es erschien bis 1793 in dreizehn weiteren Auflagen. Damit war es - von Lehrbüchern abgesehen - das in diesem Jahrhundert am meisten gefragte wissenschaftliche Werk. Die dreizehn Seiten der Erstausgabe erregten seinerzeit trotz des geringen Umfangs sehr schnell die Aufmerksamkeit der Fachwelt", vgl. Carl von Linné und die deutschen Botaniker seiner Zeit. Ausstellungskatalog der Universitätsbibliothek Tübingen, 1977, S. 45 f.
3) Zur Illustrierung von Linnés System vgl. Carl Linnaeus, Species Plantarum. A Facsimile of the First Edition 1753, Bd. I, London 1957, S. 24-35, Stich s. S. 28; Bd. II, London 1957, S. 61-63; vgl. auch den in Anm. 2 genannten Tübinger Ausstellungskatalog, S. 48
4) Carl Linnaeus, op. cit. Anm. 3, Bd. I, S. 26-35
5) J.G. Siegesbeck, 1735, zit. n. d. Tübinger Ausstellungskatalog, op. cit. Anm. 2, S. 57 f.
6) Auf das Auge eines Mannes schließe aus der Beschreibung Lavaters III, S. 298, der von der buschigen Form der Augenbraue spricht.
7) Stich nach Ledoux, 25,7 X 38,7 cm, Paris, Bibliotheque Nationale; Abbildung nach dem Ausstellungskatalog "Revolutionsarchitektur. Boullé, Ledoux, Leque." Staatl. Kunsthalle Baden-Baden, 1971, S. 122 f.
8) M. Horkheimer, Th. Adorno, Dialektik der Aufklärung. Philosophische Fragmente. Frankfurt/M. 1971, S. 75
9) Foucault, 1977, S. 221 ff.

Literaturverzeichnis
Duden
Barbara Duden, Geschichte unter der Haut. Ein Eisenacher Arzt und seine Patientinnen um 1730, Stuttgart 1987

Foucault 1974
Michel Foucault, Die Ordnung der Dinge. Eine Archäologie der Humanwissenschaften, Frankfurt/M. 1974
Foucault 1977
Michel Foucault, Überwachen und Strafen. Die Geburt des Gefängnisses, Frankfurt/M. 1977
Katalog Hamburg
Ausstellungskatalog "Eva und die Zukunft", Hamburg, Kunsthalle, 1986
Lavater I - IV
Johann Caspar Lavater, Physiognomische Fragmente zur Beförderung der Menschenkenntnis und Menschenliebe. Gott schuf den Menschen sich zum Bilde!
Erster Versuch, Leipzig und Winterthur 1775 (I)
Zweiter Versuch, ebend. 1776 (II)
Dritter Versuch, ebend. 1777 (III)
Vierter Versuch, ebend. 1778 (IV)

Eva Meyer
Die Autobiographie der Schrift*
Selbstthematisierung und Anti-Repräsentation

Die Autobiographie der Schrift. Das ist Schreiben als Auto-Bio-Graphie, die Selbstbeschreibung des selbst lebendigen Schreibens, wie es die monologisch verfasste Autobiographie schon an den Rand ihres Selbstverständnisses treiben kann. Dies ist so, weil in ihr vorkommt, was immer schon abgezogen ist, das Lebendige schlechthin, genauer: die Bedingung der Möglichkeit einer Beschreibung, die sich auf die eigenen Mittel der Beschreibung bezieht und in dieser Selbstrückbezüglichkeit eine mindestens doppelte Verfasstheit in Szene setzt.

Thematisiert ist damit nicht das Genre "Autobiographie" als solches, sondern die Grenzen jedes Genres, das kein wohldefinierter und festumrissener Gegenstand mehr sein kann, wenn er mit dem Weiblichen korrespondiert und *in dieser Korrespondenz* von Genre und Geschlecht die Autorität des ungeteilten Titels durchkreuzt. Denn was auch immer der Name "weiblich" als eigen autorisieren würde, kann daraus keine Politik des Eigentums ableiten, keine Vereinnahmung zu irgendjemandes Geschichte seines Lebens betreiben und auch nicht einen eigenen Forschungsgegenstand etablieren, wenn sich ein Verfahren abzuzeichnen beginnt, das *den Unterschied* wieder einführt *und noch auf sich selbst anwendet, was zu ihm gehört.* Das wäre ein Unterschied, der sich nicht mehr damit begnügt, das oppositionelle Denken zu bestätigen und auch nicht hier aufschreibt, was sich dort abgespielt hat. Weil er das, was sich dort abspielt, hier eingreifen und in *Geschriebenes* übergehen läßt. Und aufschiebt, was Gleichzeitigkeit vortäuscht: namentlich die Präsenz eines Zeichensystems, die von jeder empirischen Gleichzeitigkeit bereits vorausgesetzt wird und wartet, bis sich jede noch so erinnerte Zurückhaltung mit sich selbst entzweit und *ins Briefeschreiben* übergeht.

Überflüssig zu sagen, daß - so gesehen - mit "Briefeschreiben" nicht ein Genre (Autobiographie) durch ein anderes (Brief) ersetzt werden soll, sondern jene *unbestimmbaren Spannungsmomente* ins Bild gesetzt sind, die sich nicht mehr in Entgegensetzung bannen lassen, indem sie das Leben zu einem entgegensetzbaren Gegenstand erklären, weil sie von diesem selbst herrühren: von dieser oder jener Beschaffenheit, von diesem oder jenem Gewicht und *von einer ganz bestimmten Widerstandskraft.* Deshalb macht beispielsweise Roy Pascal in seiner Studie über "Die Autobiographie" Einbeziehung und Ausschluß von Briefen im autobiographischen Diskurs zum Prüfstein, der entscheidet, was als eigentliche oder unzulässige Autobiographie gelten soll. Unzulässig sei - so Pascal - alles, was der "einheitlichen Formung der Vergangenheit" zuwiderlaufe, alledem also, was als angemessene Feststellung dessen gelten kann, "was der Autor war". Briefe hingegen bergen "stilistische Inkonsequenz", "das heikle Nebeneinander verschiedener Perspektiven", "alle Gebundenheit an den Augenblick", ich füge hinzu: alle Gebundenheit an den Anderen, die das Selbst in das Hybride der Schrift überträgt und seine Aufhebung in der einen Autobiographie vereitelt.

Für diese eine Autobiographie war paradigmatisch, was in Goethes "Dichtung und Wahrheit", in Rousseaus "Bekenntnissen" der Literatur die Frage nach der literarischen Fiktion stellt und auf die "Wahrheit des Subjekts" setzt, um sie darin zu verankern. Das heißt für die Autobiographie als Genre der bürgerlichen Literatur, daß sie den Spiegel abgibt, der Innen und Außen aufeinander abbildet und in Korrespondenz mit einem geschlossenen Zeichensystem das Innerste zur Darstellung bringen kann. In dieser Dialektik von Hülle und Kern wird das Subjekt zu dem, was es im Kern immer schon gewesen ist, weil sie eine Identitätsstiftung ist, die das Leben als Text wiederholt, um die Identität des Subjekts daraus hervorgehen zu lassen.

Es ist daher nicht weiter erstaunlich, wenn die Bildung des "bürgerlichen Subjekts" nach Art des Genres Autobiographie zum Postulat der Identitätsfindung im Allgemeinen wird und auch in gesellschaftlichen Umbruchsituationen, in Arbeiterbewegung und Feminismus weiterhin wirksam bleiben konnte. Das autobiographisch festgehaltene Leben erfüllt die Forderung des Genres nach Authenzität in der literarischen Wiederholung des wirklichen Lebens, indem sie sich nur diesem (dem wirklichen Leben), nicht aber jenem (der literarischen Wiederholung) gegenüber kritisch verhält.

Auf die "Neue Frauenbewegung" bezogen heißt das, daß sie sich des Genres "Autobiographie", das vornehmlich Männern vorbehalten war und ein "männliches Subjekt" hervorgebracht hat, nun ihrerseits und zwar unkritisch bedient, um die Frage der weiblichen Identität als weibliche Geschlechtsidentität mit dem Genre "Autobiographie" im Hinblick auf weibliche Autoren verbinden zu können. So kann der Prozeß der Selbstfindung mit der Hervorbringung feministischer Konzepte ineinander geblendet werden und sich zu jenem Kreis schließen, dessen Horizontlinie durch die "weibliche Identität" begrenzt ist. Dieser Geste entspricht auch eine "feministische Wissenschaftskritik", die sich in der Regel kritisch auf der Grundlage definierter Weiblichkeitskonzepte verhält, die sie einklagt oder inhaltlich setzt, und dabei verabsäumt, die Aneignung von Genre und Geschlecht im wissenschaftlichen Diskurs selbst zu thematisieren.

Mit dieser Selbstthematisierung aber würde das Identitätskonzept Autobiographie selber problematisch werden und das bürgerliche Subjekt nicht mehr unangefochten zum proletarischen, zum weiblichen usw. weiterwandern lassen. Weil sich mit ihr die Frage nach der Autobiographie zur Frage nach dem, was ihr an genrekritischem Potential innewohnt, verschiebt. Und das ist der Brief, dessen kommentarloses Vorkommen bereits für Goethes Autobiographie anstößig wurde, weil durch ihn "eingestreute unzusammenhängende Wirklichkeiten" Eingang fänden und die gute Wirkung not-

wendig stören würden. Die gute Wirkung aber, das ist die Grenze zwischen Leben und Schreiben, die die Grundlage des klassischen Autors oder *autos* abgibt, jenem Garanten der einheitlichen Form, der sofort in Verzug gerät, wenn in seine Form solch hybride Dinge wie Briefe einbrechen, diese Botengänge des Lebens.
Zu diesen aber haben Frauen immer schon ein besonderes Verhältnis unterhalten, was sich z.b. darin ankündigt, daß ein gutes männliches Beispiel (Goethe) und zwei schlechte weibliche Beispiele (Marianne Weber und Beatrice Webb) die Trias der Beweisführung Pascals im Feld der "guten" Autobiographie beschaffen, womit er, wie er sagt, beileibe nicht unterstellen möchte, daß Frauen keine bedeutenden Autobiographien schreiben können. Derartige "Fehler" seien vielmehr bezeichnend für die Autobiographie überhaupt und wenige Autoren vollständig frei davon. Was wiederum mir die Frage suggeriert, ob nicht die Fehler, die der Autobiographie innewohnen und sie wie eine besondere Anfälligkeit des Genres auszeichnen, typisch weibliche Fehler sind? Womit nichts anderes gesagt wäre, als daß es *der Unterschied* ist, das Lebendige vielleicht, das zwischen autos und graphie steckt, der dieses Genre besonders anstecken und seine Forderung nach Authenzität von der "Wahrheit des Subjekts" zu der des Schreibens verschieben könnte.
Nicht von ungefähr ist der Brief in den letzten Jahren zum beliebten Forschungsobjekt von Frauen geworden und womöglich einfach deshalb, weil Frauen gerne Briefe schreiben. Briefe, von denen man nicht weiß, ob sie zur Literatur, zum Leben, zum Tod, zu einem Werk, einer Biographie gehören und von daher in besonderer Weise hervorbringen, das, was passiert, wenn man seinen Platz aufgibt und zur Öffnung des Raumes selber wird. Das ist immer mehr, als was schon gesagt wurde, mindestens auch noch die Tatsache selbst, daß es gesagt wurde, die ganz und gar auf das gewöhnlich Geschriebene zählt und diese außergewöhnliche Bewegung wahrt, die von einem zum anderen geht, ohne sich ihnen gemein zu machen, ohne ihnen in der Totalität des Gesagten dieselbe Geschichte, die Vergangenheit Aller, das eigene Leben, noch irgendjemandes Leben zu unterstellen. Nichts weniger als allgemein ist diese Bewegung des Briefs, die, wenn sie passiert, niemals auf Ganze ab-

zielt, sondern aus dem Einen Vieles macht.
Alles über "die Frau" Gesagte muß von dieser Besonderheit her neu bearbeitet werden. Denn nie kann man in der Gegenwart des Allgemeinen wissen, wozu sie fähig ist: sich selbst so ins Bild zu bringen, daß ihr Bild der Regel einer Korrespondenz entspricht, wie sie durch Emphase und Beharren hindurch sich zu sich selbst verhält.
Und wie Rahel Varnhagen zur Autorin wird, indem sie "nur" Briefe schreibt und in einem Brief an eine Freundin schreibt:
"Und sterbe ich - suche *alle* meine Briefe - durch List etwa - von allen meinen Freunden und Bekannten zu bekommen ... Es wird eine Originalgeschichte und poetisch." Zum Zeitpunkt dieses Briefes - 1801 - schreibt Rahel bereits seit über zehn Jahren Briefe und es vergehen weitere zehn Jahre des Briefeschreibens, bis sie in einem Brief an ihren späteren Ehemann Karl August Varnhagen von Ense von ihrem Wunsch spricht, diese "poetische Originalgeschichte" noch zu Lebzeiten und selbst herauszubringen: "Keiner von uns will mehr, daß mein ehrliches Leben auch geschaut werde von solchen, die es selbst sind; und genug findet man immer, unter Deutschlands Lesern, wenn man drucken läßt ... Ich weiß, welche Freude, welches Behagen mir ein Fünkchen Wahrheit in einer Schrift aufbewahrt macht! Nur davon bekommt die Vergangenheit Leben, die Gegenwart Festigkeit ... Ich aber selbst will aus meinen Briefen alles suchen und verwerfen; und nicht in vierzig, fünfzig Jahren ... sondern viel früher; ich will noch leben, wenn man's liest."
Es ist ein durchaus ungewöhnliches Vorhaben einer Briefschreiberin, ihre eigenen Briefe zum Druck zu bringen. Genauer gesagt handelt es sich um das Vorhaben einer erweiterten Korrespondenz, wie es von den Briefen hervorgebracht wurde und in das sie zurückgebunden werden, um *auf Leben und Tod* mit ihrer Lektüre rechnen zu können.
Daher auch kann Hannah Arendts Biographie von Rahel Varnhagen, die es unternimmt, "Rahels Lebensgeschichte so nachzuerzählen, wie sie selbst sie hätte erzählen können", zu Arendts Autobiographie geraten, *wie sie selbst sie erzählt*. Weil sie das Erbe Rahels antritt, soweit sie ihre Briefe empfängt. Auch denjenigen, in dem Rahel ihr Erbe an Heine vermacht und ihm schreibt: "Sie werden dies

... nächstens sagen. Aber der Text aus meinem beleidigten Herzen wird doch dabei der Ihrige bleiben müssen." Was Hannah Arendt also sagt und wieder aufnimmt, sind die letzten Worte Rahels, mit der Arendt ihre Biographie anfangen läßt: "Was so lange Zeit meines Lebens mir die größte Schmach, das herbste Leid und Unglück war, eine Jüdin geboren zu sein, um keinen Preis möcht' ich das jetzt missen", um von diesem Ende her die Geschichte ihres Lebens wieder aufzurollen, wie Hannah Arendt selbst sie erzählt.

Nicht weil Rahel diese Geschichte so gelebt hätte, sondern weil ihr ganzes Leben der Versuch war, ihr "erster Ignorant" zu sein, kann ihre Biographie zur Autobiographie Arendts werden. Sie schreibt: "Als Jüdin geboren zu sein, das mag für Rahel nur auf längst Vergangenes hindeuten, mag im Denken ganz und gar ausgelöscht sein", kraft eines "Selbstdenkens", das es dem denkenden Selbst so ganz und gar ermöglicht, "sich an keinerlei 'unvernünftiger' Wirklichkeit mehr den Kopf einzuschlagen", weil es in sich selbst zurückschlägt und "an der eigenen Seele seinen einzigen Gegenstand" findet. Genau hier setzt Arendts Kritik ein, mit der sie aber immer noch der "Rahelschen Selbstkritik" zu folgen beansprucht, da Arendt die "moderne Indiskretion" vermeiden will, die "versucht, dem anderen auf die Schliche zu kommen, und mehr zu wissen wünscht oder zu durchschauen meint, als er selbst von sich gewußt hat oder preiszugeben gewillt war". Was Rahel aber preiszugeben gewillt war, sind ihre Briefe. Mit ihnen möchte *sie sich selbst* "den Menschen aufschließen, wie man einen Schrank öffnet; und, mit einer Bewegung, geordnet die Dinge in Fächern zeigt."

Doch die zugleich flüchtige wie geordnete Beweglichkeit der Briefe ist kaum dazu geeignet, das Selbst in die Ordnung zu bringen, weil ihr Text nicht dieser Selbe bleiben wird, wenn er sich auf die "ungefähre Fahrt" der Briefe begibt. Von ihr sagt Marianne Schuller, daß sie die dialogische Situation verkehrt, die noch der romantische Hermeneutiker im Brief imaginiert hat, um die gegebene Autorität des Werks in der empfangenden Haltung des Weiblichen zu bestätigen. Weil sie eine "haltlose Fahrt" ist und den Brief nicht mehr "zum Selbstausdruck des Autors" gereichen läßt, wenn er "gerade aus dessen Mangel hervorgeht" und in einer "rhythmisierten 'tanzenden'

Materialität" überbordet, die jedes Wort auf "die Spur eines anderen Wortes" bringt und schon die gesicherte Bahn des Selbst verlassen kann.

Die Biographie als Autobiographie heißt so gesehen Kritik als Selbstkritik, um von daher an die Inhalte zu rühren und sie in neue Zusammenhänge zu überführen. Arendt kritisiert die "Flucht ins eigene Innere", die im allgemeinen "alles Subjektive mit der Weihe der Objektivität, Öffentlichkeit, höchster Interessantheit" umgibt und "die Grenzen von intim und öffentlich" verwischt: "Das Intime wird veröffentlicht, das Öffentliche nur im Intimen, schließlich im Klatsch erfahrbar und austauschbar." Doch dadurch, daß sie sich dabei nicht nur inhaltlich auf Rahels Briefe bezieht, sondern diese selbst empfängt, d.h., sich von ihren Bedingungen anstecken läßt, gelingt ihr eine Technik der Auto-Biographie, die derartige Widersprüchlichkeiten eben nicht auflösen muß, sondern an ein anderes Selbst aufgeben kann. In einem anderen Zusammenhang und Lessing zitierend schreibt sie: "Ich bin nicht verpflichtet, die Schwierigkeiten aufzulösen, die ich mache. Meine Gedanken mögen immer sich weniger verbinden, ja wohl gar sich widersprechen scheinen: wenn es denn nur Gedanken sind, bei welchen (die Leser) Stoff finden, selbst zu denken."

Von der Verwirrung in Ich und Du, Nähe und Ferne, öffentlich und privat, Selbem und Anderem hat der Brief den höchsten Begriff. Denn während es um ihn geht, ist nichts auszuschließen: "Ich will auch keinen Brief mehr schreiben. Wozu soll ich jemanden sagen, daß ich mich verändere? Wenn ich mich verändere, bleibe ich ja doch nicht der, der ich war, und bin ich etwas anderes als bisher, so ist klar, daß ich keine Bekannten habe. Und an fremde Leute, an Leute, die mich nicht kennen, kann ich unmöglich schreiben." Dieser Aussage in Rilkes "Aufzeichnungen des Malte Laurids Brigge" widerspricht Klara in "Geschwister Tanner" von Robert Walser: "Es deucht mich, daß ich an alle Menschen Briefe schreiben könnte, an jeden beliebigen Unbekannten, an jedes Herz; denn alle Menschenherzen zittern für mich voll Wärme."

Dieser Selbstwiderspruch des Briefs, in dem sich niemand und alles wiederfindet, wird von Kafka in hohem Maße in Anspruch genommen und als ein gespenstischer und unnatürlicher Schriftverkehr erkannt. Natürlich ist der Verkehr zwischen den Menschen, der sich der Eisenbahn, des Autos, des Aeroplans bedient, um - so Kafka - "den Frieden der Seelen zu erreichen". Aber diese heilsamen technischen Erfindungen sind offenbar schon "im Absturz" gemacht und keine wirkliche Rettung mehr, weil die "Gegenseite soviel ruhiger und stärker" ist. Die Gegenseite, das ist die gespenstische Seite der Technik, wie sie jeglicher Instrumentalisierung durch den Menschen widersteht und ihn nicht unverändert davon - oder auch ankommen - läßt. "Sie hat nach der Post den Telegraphen erfunden, das Telefon, die Funkentelegraphie" und wird - so Kafka - schon dafür sorgen, daß die Geister nicht verhungern werden. "Aber wir werden zugrundegehen."

Was da zugrunde geht und ein "wir" hätte stiften können, findet sich im ausführlichen Zitat der Briefstelle: "Alles Unglück meines Lebens", schreibt Kafka an Milena, "womit ich nicht klagen, sondern eine allgemeine Feststellung machen will - kommt, wenn man will", und anscheinend will Kafka, "von Briefen oder von der Möglichkeit des Briefeschreibens her. Menschen haben mich kaum jemals betrogen, aber Briefe immer und zwar auch hier nicht fremde, sondern meine eigenen ... Die leichte Möglichkeit des Briefeschreibens muß - bloß theoretisch angesehen - eine schreckliche Zerrüttung der Seelen in die Welt gebracht haben. Es ist ja ein Verkehr mit Gespenstern und zwar nicht nur mit dem Gespenst des Adressaten, sondern auch mit dem eigenen Gespenst, das sich einem unter der Hand in dem Brief, den man schreibt, entwickelt oder gar in einer Folge von Briefen, wo ein Brief den anderen erhärtet oder sich auf ihn als Zeugen berufen kann. Wie kam man nur auf den Gedanken, daß Menschen durch Briefe miteinander verkehren können! Man kann an einen fernen Menschen denken und man kann einen nahen Menschen fassen, alles andere geht über Menschenkraft. Briefe schreiben aber heißt, sich vor den Gespenstern entblößen, worauf sie gierig warten. Geschriebene Küsse kommen nicht an ihren Ort, sondern werden von den Gespenstern auf dem Wege ausgetrunken."

Soweit Kafka, der mehr als sichtbar macht, nämlich in geradezu paradigmatischer Weise offenlegt, die Schreibszene des Briefes, die keinem Autor mehr das Wort zum Selbstausdruck reicht, sondern hinterrücks einen eigengesetzlichen Prozeß in Gang setzt, wie von anderen Korrespondenzen geführt, die keine Einheit mehr stiften, sondern nur immerfort die Abwesenheit dieser Einheit bestätigen und das zurückgewinnen, was auch Kafka immer wieder "den Anlaß" gibt, "einen Brief zu schreiben" und zur Seite der Literatur hin zu öffnen, was von keiner Theorie der Rezeption mehr gemeistert wird. Anders als Rahel Varnhagen dachte Kafka keineswegs daran, seine Briefe zu veröffentlichen, sondern eher daran - so Deleuze/Guattari, "alles, was er schrieb, zu vernichten, als wären es alles Briefe". Doch auch die vernichtende Kontrolle ist nicht mehr gewiß, wenn die Briefe im Umlauf sind, von wo sie nicht mehr zirkulär zurückkommen und nur empfangen werden können, indem sie wieder aufgegeben werden. "Briefe zu schreiben", so Deleuze/Guattari, "das ist keine Frage der Aufrichtigkeit, sondern des Funktionierens. Briefe an diese oder jene Frau, Briefe an die Freunde, Brief an den Vater - immer steht eine Frau am Briefhorizont: als die wirkliche Adressatin." Diese aber zeichnet sich gerade dadurch aus, daß sie niemals versteht und noch ihre hermeneutisch imaginierte Empfänglichkeit in eine Weise der *Wiederholung* umfunktioniert, aus der gerade dadurch, daß sie das Gesagte nicht verstanden hat, hervorgeht, daß es etwas zu schreiben gibt.

Und wenn die Hervorhebung der Korrespondenz von "Brief" und "weiblich" bislang noch willkürlich erscheinen mag, so kann sie von nun doch geordnet und durchgespielt - gewissermaßen systematisiert - werden. Nicht nur deshalb, weil die bisherigen literarischen Belege die positive Bestätigung, bejahende Wiederholung, selbstpräsentierende Zurschaustellung dessen, was Frauen an Briefen interessiert, darlegen und - wenn es darum geht - noch den Autor Walser im Namen Klaras sprechen lassen, sondern vor allem, wenn deutlich wird, daß der Leser nicht mehr als "Verstehender", sondern als "Empfänglicher" *reaktiviert* werden soll, damit die Wiederholung den Doppelcharakter von Wiederholung des Alten (Selben) und Wiederholung des Neuen (Anderen), wie er jedem kreativen Akt innewohnt, entfalten kann.

Hannah Arendt gelingt dies, weil sie den Leser *selbst* wieder einsetzt, indem *sie sich* einsetzt, um in dem, was sie interessiert, Momente eines sich entfernenden Aufschubs zu gewinnen, die nicht mehr dieses Selbst, sondern *das Begehren zu wissen* interessiert. Dieses Begehren kann allerdings nicht mehr zu Wissen verallgemeinert werden, wenn damit eine Unterbrechung angezeigt ist, die einen neuen Anschluß findet, an jene geschlechtliche Besonderheit, die "weiblich" heißt und eine wahrhafte Geschlechtskrankheit ist, deren epidemisches Ausmaß Freud begreift und "psychische Ansteckung" nennt. Freud, der mit der Psychoanalyse eine Wissenschaftlichkeit auf der Biographik basiert, hat damit einen Weg der selbstbegründenden und selbstbeschreibenden Theoretisierung vorgezeichnet, die ihrer Geschichte einen einzigartigen Bezug zurückbehält: Die Unauslöschlichkeit der Schrift, wie sie am eigenen Leib erfahren wird und noch die Wissenschaftlichkeit der Psychoanalyse ergreift und auf ihre eigene Triebambivalenz hin öffnet.

"Es ist nicht bequem", sagt Freud in *Das Unbehagen in der Kultur*, "Gefühle wissenschaftlich zu bearbeiten." Diese Unbequemlichkeit beginnt dort, wo sich die klaren und scharfen Grenzlinien der Selbstbehauptung verwischen und ein Zustand zutage tritt, den man trotzdem "nicht als krankhaft verurteilen kann", wo "allen Zeugnissen der Sinne entgegen behauptet" wird, "daß Ich und Du eines seien", und getan wird, "als ob es so wäre". Freuds Rede handelt von der Liebe. Genauer: von der Nachträglichkeit der Einsicht der Unterstellung - der Liebe *oder* des Wissens - als Bedingung der Übertragung, wie sie das Begehren zu wissen interessiert.

Und wenn der Brief, wie Pedro Salinas sagt, ein "neues System" aufkommen läßt, das nicht einfach nur Gespräche ersetzt, sondern "die Übertragung von Liebesgefühlen und Erkenntnisakten" übernimmt, so wäre - soll dies in ein und demselben System geschehen - wahrhaftig ein Neues erfunden. Neu daran wäre, was die mythische Zeit des Wissens in die endliche der eigenen Biographie einträgt, doch so ganz jenseits der eigenen Person und schon bereit dazu, nicht mehr in vorgegebenen Konzepten zu vereinnahmen, sondern zu verausgaben, was diese hinterlassen haben. Die Tatsache zum Beispiel, daß die bürgerliche Autobiographie erst ab dem Zeitpunkt zum Forschungsgegenstand geworden ist, da das Genre in seiner "klassischen" Form nicht mehr geschrieben werden konnte, weil die gesellschaftlichen Umbruchsituationen die Voraussetzung für eine Bestimmung des Individuums als Einheit des Mannigfaltigen entzogen haben. Diese Tatsache würde dann verausgabt werden, wenn das Ende einer Geschichte dieselbe nicht einfach zum wissenschaftlichen Gegenstand qualifiziert, sondern eine neue Geschichte anfangen läßt, wie bei Hannah Arendts Biographie als Autobiographie exemplarisch zu lernen wäre: daß etwas wirklich geschieht und doch in der Wirklichkeit keine Bleibe findet, aber in jeder Wiedererzählung auf das überlebende Leben der Wiederholung trifft, daran nichts Repräsentatives mehr ist, wenn darin die Technik der Wiederholung selbst übertragen wird.

Ihr Horizont sind Biologie und Geschichte, die in der Autobiographie den Roman schreiben, der die Herrschaft der *erzählenden Subjektivität* über sie sichern soll. Doch in dem Maße, wie Wiederholung und Übertragung diesen Roman unterbrechen, hört er auf, Zuflucht der Innerlichkeit zu sein und wird vom Außen, nennen wir es "Körper", zur Rede gestellt. "Ich will dieses düstere Thema, die Zukunft des Romans, nicht anschneiden, und ich hoffe", schreibt Virginia Woolf, "sie erwarten das auch nicht von mir, sodaß ich hier nur für einen Augenblick innehalte, um ihre Aufmerksamkeit auf die große Rolle zu lenken, die in einer solchen Zukunft Frauen und ihren physischen Bedingungen zukommt. Das Buch muß auf irgendeine Weise dem Körper angepaßt werden, auf gut Glück würde man sagen, daß Bücher von Frauen kürzer, konzentrierter sein sollten als die von Männern, und so angelegt, daß ihre Herstellung nicht lange Stunden regelmäßigen und ununterbrochenen Arbeitens erfordert. Denn Unterbrechungen wird es immer geben."

Das ist gewiß und auch ich unterbreche jetzt, um noch eine Autorin anzuführen, Gertrude Stein diesmal, deren unermüdliche Inszenierungsanalysen des Selbst in ihren verschiedenen Autobiographien noch ein Licht auf diese Mehrfachverschränkung von Leben und Schreiben werfen können und sie in "Jedermanns Autobiographie" zu Dashiell Hammett sagen läßt: "Im neunzehnten Jahrhundert haben die Männer beim Schreiben alle möglichen Männer und die in großer Anzahl erfunden. Die Frauen dagegen konnten niemals Frauen erfinden sie haben die Frauen immer nach sich selbst gestaltet brilliant oder bekümmert oder heroisch oder schön oder verzweifelt oder sanft, und niemals konnten sie irgend eine andere Art Frau gestalten. Von Charlotte Brontë bis hin zu George Eliot und viele Jahre später noch war das so. Jetzt im zwanzigsten Jahrhundert sind es die Männer die das tun. Alle Männer schreiben über sich selbst, immer sind sie selbst so stark oder schwach oder geheimnisvoll oder leidenschaftlich oder trunken oder beherrscht aber immer sind sie es selbst wie das die Frauen im neunzehnten Jahrhundert gemacht haben. Jetzt machen Sie das auch immer warum eigentlich. Er sagte das ist einfach. Im neunzehnten Jahrhundert waren die Männer selbstsicher, die Frauen nicht, aber im zwanzigsten Jahrhundert haben die Männer keine Selbstsicherheit und so müssen sie sich wie Sie sagen schöner machen interessanter, von allem mehr, und können keinen anderen Mann gestalten denn sie müssen sich an sich selbst festklammern weil sie keine Selbstsicherheit haben. Ich habe jetzt fuhr er fort sogar daran gedacht einen Vater und einen Sohn zu gestalten um zu sehen ob ich auf diese Weise noch eine andere Person gestalten kann. Das ist interessant, sagte" Gertrude Stein.

Interessant finde ich daran vor allem, daß neuerdings die Männer es sein sollen, die sich von nun an und "auf diese Weise" eines biologischen Modells zu bedienen, sich daran zu erinnern hätten, um von sich selbst auf anderes kommen zu können. Während die Frauen längst schon und nicht mehr in Anlehnung an Genealogie und Geschichte damit beginnen können, Unterschiede im Text selbst zu inszenieren und damit das, was die Entscheidungsmechanik der stets dichotomisierenden Begriffsebenen bislang stillgestellt und in vielen Aspekten verdeckt hat. "Vielleicht wird eine Herrschaft, die weder Mechanik noch Leben ist, beginnen und etwas sein", schreibt Gertrude Stein und stellt damit vor, was nicht so sehr beherrscht, als ordnet und durchspielt: Das Begehren zu wissen, was den Unterschied beim Schreiben ausmacht und sich nicht länger mit der Ebene "wirklicher" Begebenheiten kurzschließt, weil er diese selbst aufschiebt und also dahingestellt sein lassen kann, was beim Lesen passiert. Keine noch so aufklärerische Absicht wird sich je daran messen können: An dem, was beim Lesen passiert und einen verstehen macht, daß man sich versteht, indem man sich aufs Lesen versteht und *zum Schreiben ansteckt."*

* Vortrag in der Frankfurter Frauenschule, Sommer 1989. Siehe auch: Eva Meyer, Die Autobiographie der Schrift, Basel/Frankfurt 1989

Literatur:
Arendt, Hannah: Rahel Varnhagen. Lebensgeschichte einer Jüdin aus der Romantik, Frankfurt/Berlin/Wien 1975
- Von der Menschlichkeit in finsteren Zeiten, München 1960
Deleuze/Guattari: Kafka. Für eine kleine Literatur, Frankfurt 1976
Freud, Sigmund: Das Unbehagen in der Kultur, Frankfurt/Hamburg 1953
Kafka, Franz: Briefe an Milena, Frankfurt 1986
Meyer, Eva: Die Autobiographie der Schrift, Basel/Frankfurt 1989
Pascal, Roy: Die Autobiographie, Stuttgart/Berlin/Köln/Mainz 1965
Rilke, Rainer Maria: Aufzeichnungen des Malte Laurids Brigge, München 1962
Salinas, Pedro: Verteidigung des Briefes, Stuttgart 1978
Schuller, Marianne: Dialogisches Schreiben, in: Zeitschrift für Literaturwissenschaft und Linguistik, Beiheft 14: Rahel Levin Varnhagen, Göttingen 1987
Stein, Gertrude: Jedermanns Autobiographie, Frankfurt 1986
- Die geographische Geschichte von Amerika oder die Beziehung zwischen der menschlichen Natur und dem Geist des Menschen, Frankfurt 1988
Varnhagen von Ense, Karl August (Hrsg.): Rahel. Ein Buch des Andenkens für ihre Freunde, Berlin 1834
Walser, Robert: Geschwister Tanner, Genf und Hamburg 1967
Woolf, Virginia: Ein Zimmer für sich allein, Frankfurt 1986

Gerburg Treusch-Dieter
Das Kästchenproblem
Zum Psyche - Mythos bei Freud

Merkwürdigerweise widmete Freud, der sich grundlegend mit der unbewußten Struktur der Psyche beschäftigt hat, dem Mythos von der Psyche so gut wie keine Aufmerksamkeit. Obwohl er, wie der Stellenwert des Ödipus-Mythos beweist, vom unabdingbaren Zusammenhang zwischen mythischer Konstellation und psychischer Struktur überzeugt war. Nur in einem kleinen, im Jahre 1913 erschienenen Aufsatz, geht er auf den Psyche-Mythos ein. Sein Titel: 'Das Motiv der Kästchenwahl' (1). Im gleichen Jahr erscheint 'Totem und Tabu' (2), in dem es um die Vatertötung geht, die auch im Ödipus-Mythos im Zentrum steht. Aus dieser Zeitgleichheit resultiert die Frage, mit der hier einleitend begonnen werden soll: ist zwischen beiden Veröffentlichungen eine inhaltliche Wechselwirkung festzustellen, die für die Relation zwischen Psyche- und Ödipus-Mythos erhellend sein könnte? Denn im Psyche-Mythos, dies sei vorweggenommen, geht es um das weibliche Opfer oder um die Muttertötung. Wenn also Freud in 'Totem und Tabu' konzipiert, daß mit der Vatertötung "so vieles seinen Anfang nahm, die sozialen Organisationen, die sittlichen Einschränkungen und die Religion", und wenn er "zum Schluß dieser mit äußerster Verkürzung geführten Untersuchung" als Ergebnis ausspricht, daß darum "im Ödipus-Komplex die Anfänge von Religion, Sittlichkeit, Gesellschaft und

Kunst zusammentreffen" (3): könnte dann nicht vermutet werden, daß Freud im 'Motiv der Kästchenwahl' die Kehrseite dieser kulturtheoretischen Systematik berührt? Sie ist bei ihm um eine "allgemeine menschliche Zwangsneurose" gruppiert, die sich in dem Maß, wie "sich die Abwendung von der Religion mit der schicksalsmäßigen Unerbittlichkeit eines Wachstumsprozesses" vollzieht, in der "persönlichen Neurose" fortsetzt (4). Sollte er folglich im 'Motiv der Kästchenwahl' die Kehrseite dieser kulturtheoretischen Systematik berühren, dann ist anzunehmen, daß das Verdrängte im Mythos von der Vatertötung nur in der Weise in Erscheinung treten wird, daß das Verdrängende selbst zum Träger des Verdrängten wird. Ausgehend davon ist festzustellen, daß es auch im 'Motiv der Kästchenwahl' um die Vatertötung geht. Doch wird er oder seine Ersatzbildung nicht das Opfer der zugleich von Liebe und Haß geleiteten Söhne, die ihm, vermittelt über das Schuldbewußtsein, den "nachträglichen (kulturkonstitutiven, G.T.D.) Gehorsam" ableisten. Noch wird er das Opfer eines strafenden Vater-Gottes, der ihn in die ebenso kulturkonstitutiven Schranken des Inzestverbots verweist. Sondern er wird das Opfer eines Weibes. Nicht des Weibes, um "dessenwillen man sich (in 'Totem und Tabu', G.T.D.) gegen den Vater empört hatte" (5), und das als "Verlockung des Mordes" zum "Kampfpreis" (6) im doppelten Sinne wird: zur "Beute" diesseits des Inzestverbots; zum ausgeschlossenen, weiblichen Herkunfts-Geschlecht jenseits desselben. Wobei hinzuzufügen ist, daß beide Dimensionen, die diesseits und die jenseits vom Inzestverbot, bei Freud mit dem Gegensatz von Kultur und Natur identisch sind. Doch ohne daß sie im "Kampf aller gegen alle", den das Inzestverbot zu bannen hat, voneinander zu trennen sind. Jenes den Vater tötende Weib, das niemals Kampfpreis sein kann, selbst wenn es Teil der Empörung oder der Verlockung zum Vatermord wäre, gehört keiner dieser beiden Dimensionen an. Und doch wirkt es in beiden, sofern die Kultur die Natur fortsetzt (7), die sie zugleich bekämpft: hilflos diesem Weib ausgeliefert, vor dem jede Kulturanstrengung zunichte wird. Es ist die Moira, das Schicksal. Eine Göttin, die für Freud nicht nur mythische, sondern auch aktuelle Präsenz besitzt, wie aus der zwischen 1925 und 1931 verfaßten Schrift

'Zukunft einer Illusion' hervorgeht. Denn die Zeiten hindurch und über die Zeiten hinweg bleibt, "was die Austeilung der Schicksale betrifft (...) eine unbehagliche Ahnung bestehen, daß der Rat- und Hilflosigkeit des Menschengeschlechts nicht abgeholfen werden kann (...). Dem begabtesten Volk des Altertums dämmert (bereits) die Einsicht, daß die Moire über den Göttern steht, und daß die Götter selbst ihr Schicksal haben" (8).
Untersucht man die inhaltliche Wechselwirkung zwischen 'Totem und Tabu' und 'Motiv der Kästchenwahl' weiter, so ergibt sich, daß Freud in 'Totem und Tabu' die weiblichen Gottheiten nicht einzuordnen weiß, außer an einem einzigen Punkt: an dem des "Mutterinzestes" des "Sohnes". Während er für die Moira zwar nicht im 'Motiv der Kästchenwahl', aber in der später verfaßten Schrift 'Zukunft einer Illusion' eine präzise Einordnung hat, die im 'Motiv der Kästchenwahl' bereits angelegt ist: sie steht über den Göttern. Und weil sie über den Göttern steht, scheint sie außerhalb des Zusammenhangs von kulturbeherrschter Natur und naturbeherrschter Kultur zu stehen. Obwohl sie in beidem wirkt. Denn, so Freud, ob auf Antike oder Gegenwart gemünzt: "an die unpersönlichen Kräfte und Schicksale kann man nicht heran, sie bleiben ewig fremd" (9). Die Unmöglichkeit der Einordnung der weiblichen Gottheiten in 'Totem und Tabu' wird, bezogen auf die Moira, zum Mittel ihrer Einordnung. Und in dem Maß, wie dieses ewig fremde Außerhalb im Inneren von kulturbeherrschter Natur und naturbeherrschter Kultur erscheint, drängt sich auch ein Zusammenhang zwischen diesem Außerhalb und dem Mutterinzest auf, in dessen Zentrum Freud die weiblichen Gottheiten in 'Totem und Tabu' für einen Augenblick plaziert. Bezogen auf den Sohn nennt er diese Einordnung eine "symbolische Beziehung" zur "Erde".
Aufgrund dieser symbolischen Beziehung zur Erde, die dem Mutterinzest gleichzusetzen ist, kann eine weitere Relation zwischen 'Totem und Tabu' und dem 'Motiv der Kästchenwahl' aufgestellt werden. Denn der mythische Vater, der im 'Motiv der Kästchenwahl' der über den Göttern stehenden Moira zum Opfer fällt, ist gleichzeitig derjenige, der in 'Totem und Tabu' mit dem "theanthropischen Gottesopfer" verbunden wird. Unter dieser Terminologie ist die gott-

förmige Opferung eines Gottes zu verstehen. Kaum erwähnt, betont Freud von diesem Opfer, daß er es "leider nicht mit der gleichen Vertiefung wie das Tieropfer behandeln" könne (10). Was ihn an dieser Vertiefung hindert, kann hier nur resultativ eingeführt werden. Da Freud dieses theanthropische Gottesopfer unter Berufung auf Frazer und Robertson Smith am Beispiel des gestorbenen und wieder-geborenen Attis, Adonis und Tammuz demonstriert, gilt, daß es sich bei diesen "Auferstehungsgöttern" des Altertums und der Antike keineswegs um ein Strafopfer handelt. Auch wenn es die Freud'sche Interpretation des theanthropischen Gottesopfers so will. Stattdessen geht es bei dem, was der Sohn als "Vaterersatz" für den Inzest mit der Mutter erduldet, um den kultischen Vorgang der Selbstvergöttlichung oder der Apotheose. In ihr wird der Sohn durch das weibliche Opfer, das sich im sogenannten Mutterinzest verbirgt, wiedergeboren. Wodurch er sich stets aufs Neue zum Vater-Gott erhöht, der so alljährlich oder in weiter gefaßten Zeitzyklen aufersteht. Selbst wenn er zuvor durch rituellen Mord im Sinne archaischer Machtablösung getötet wurde, kann von einem Opfer nicht die Rede sein. Das Opfer bringt sie, die "Mutter". Sie ist es, durch die er als Toter neues Leben empfängt. Ein Leben nach dem Tod: als Gott; wodurch auch sie zur Göttin wird.

Der Inzest mit der Mutter ist aus der mythischen Codierung dieses Opfer- oder Selbstvergöttlichungsvorgangs abzulesen. Da die Wieder-Geburt des Sohnes als Vater der Effekt einer "Hochzeit" ist. Genauer: einer "Totenhochzeit", die auch dem Psyche-Mythos zugrundeliegt. Eros, der sich mit Psyche vermählt - die durch diese Hochzeit von der Braut zu seiner ihn durch ihr Opfer wieder-gebärenden Mutter wird - Eros ist nur eine mythische Reinkarnation der genannten Auferstehungsgötter, wobei ihm in der griechischen Antike Adonis entspricht. Während Psyche auf Aphrodite zurückzuführen ist. Der Psyche-Mythos greift dieses bekannteste aller mythischen Liebes-Paare auf, das auch in Ödipus und Iokaste wiederzufinden ist, deren Inzest gleichfalls als Totenhochzeit zu verstehen ist. Freud kommt dem weiblichen Opfer, das die Braut und Mutter repräsentiert, in seiner Untersuchung des 'Motivs der Kästchenwahl' außerordentlich nahe. Doch in dem Maß wie es im Zentrum seiner Inter-

pretation des Ödipus-Mythos zugunsten der Vatertötung ausgeblendet ist, in dem Maß entfernt er sich, je näher er ihm kommt: bis er die Position der Psyche in die der Moira umdreht.
Im 'Motiv der Kästchenwahl' geht es um das Motiv der Wahl zwischen drei Kästchen aus Gold, Silber und Blei, die Freud, analog der symbolischen Ersetzung im Traum, als symbolische Ersetzung der Frau nachweist. Denn Büchsen, Dosen, Schachteln, Körbe, Kästchen sind "Symbole des Wesentlichen an der Frau und darum die Frau selbst" (11). Nimmt man hinzu, daß ein Kästchen auch eine Kiste, ein Sarg, ein Grab oder Grabmal sein kann, zeigt sich, daß Freud mit dieser symbolischen Ersetzung der Frau seinem "Vorläufer" in der Traumdeutung, Artemidor von Daldis (2.Jhdt.n.Chr.) nichts hinzufügt (12). Da auch er ein solches im Traum erscheinendes Kästchen, Grab oder Grabmal, das er auf den Zusammenhang von Hochzeit und Tod bezieht, mit dem Wesentlichen an der Frau gleichsetzt: "weil ein Grabmal so wie eine Frau ganze Körper in sich aufnimmt" (13). Wird diese Gleichsetzung von Frau und Grabmal mit dem weiblichen Opfer und der aus ihm hervorgehenden Wieder-Geburt verbunden, dann erhält auch Freud's euphemistische Wendung, daß der Mutterinzest eine symbolische Beziehung zur Erde sei, ihre Plausibilität. Freud notiert verschiedene Versionen des Ausgangsmythologems, die im 'Motiv der Kästchenwahl' enthalten sind: die Wahl dreier Freier zwischen drei Kästchen, wobei sich im dritten Kästchen jeweils das Bildnis der Braut befindet (vgl. Kaufmann von Venedig); die Wahl eines Mädchens zwischen drei Freiern, die auf den Kaiser fällt (vgl. Gesta Romanorum und estnisches Epos), die Wahl eines Freiers zwischen drei Frauen, bei der er der dritten den Liebesapfel reicht (vgl. Urteil des Paris). Welche Bedeutung das Bildnis der Braut im Kästchen bezogen auf die Gleichsetzung von Frau und Grab haben könnte, welche Analogie sich auffinden ließe zwischen jenem Kaiser und den Auferstehungsgöttern des Altertums und der Antike, welche Parallele zwischen dem Urteil des Paris und dem Mythologem von Hades und Persephone herzustellen wäre, der als "Tod" seiner "Totenbraut" den Liebesapfel reicht: alles das geht Freud zu Ungunsten seiner Interpretation des 'Motivs der Kästchenwahl' nicht auf. Zum Paradigma der möglichen Versio-

nen des Ausgangsmythologems erhebt er schließlich die Konstellation "drei Töchter - ein Vater" (vgl. König Lear). Diese auch auf ihn selbst zutreffende Konstellation nennt er in einem Brief an Ferenczi die "subjektive Bedingung" seiner Untersuchung (14).
Zum besseren Verständnis seien drei strukturelle Hinweise vorweggenommen. Erstens, daß in dieser Konstellation das mythische Liebespaar Aphrodite und Adonis enthalten ist, wie sich am Ende zeigen wird; und zwar durch Shakespeare, nicht durch Freud. Zweitens schließt sie eine Schwestern-Dreiheit ein, die auch unabhängig von der Vater-Position besteht. Drittens kommt in ihr das Motiv der Wahl doppelseitig vor. Zum einen will Lear, der "dem Tode verfallene (...) auf die Liebe des Weibes nicht verzichten" und wählt Cordelia; zum anderen "will (er) hören, wie sehr er (von seinen drei Töchtern, G.T.D.) geliebt wird": die Töchter sollen wählen, was von seiten Cordelia's geschieht. Sie wählt Lear (15). Sie, die Dritte, hat die Position des Kästchens oder des Grabs. Dabei ist sie, wie Psyche, die Jüngste der Schwestern: das weibliche Opfer. Dennoch gelingt es Freud am Ende aus ihr die Moira, das den Vater tötende Weib, zu machen. Allerdings scheint er sich keineswegs sicher zu sein, ob ihm das gelingen wird. Nicht nur stellt er sich dabei in Gegensatz zu Shakespeare, er ist auch in seiner "subjektiven Bedingung" befangen. Dementsprechend annonciert er, daß ihn sein Interpretationsverfahren "ins Unvorhergesehene, Unbegreifliche, (und) auf Umwegen vielleicht zu einem Ziele führt" (16).
In 'Zukunft einer Illusion' erwähnt Freud die Moira im Zusammenhang mit der "Abwendung von der Religion", deren Zentrum die Vater-Beziehung ist. Er betont, daß es sich bei dieser Abwendung um eine kulturelle "Entwicklungsphase" handelt, in der "wir uns gerade jetzt (...) befinden" (17). Sie vollzieht sich "mit der schicksalhaften Unerbittlichkeit eines Wachstumsprozesses" (18). Dabei ist es die Moira, die in der Kultur als auflösendes Naturgesetz wirkt, indem sie sich zugleich in jenem ewig fremden Außerhalb und im Inneren des Inzestverbots bewegt, das nicht zuletzt durch jene Abwendung von der Religion in Frage steht. Mit seiner Auflösung aber wäre der Kampf aller gegen alle freigegeben. Freud, der mit der Psychoanalyse durchaus eine historische und kulturelle "Mission" verbindet,

versucht aus dieser Abwendung die Konsequenzen zu ziehen. Er stellt sich der schicksalhaften Unerbittlichkeit des "Kulturzerfalls" entgegen. Sein heroisches Ziel: die "Versöhnung der Menschen mit der Kultur", für die zwar weiterhin Trieb-Opfer zu bringen sind, doch rationellere als die Religion sie forderte. Dabei, so fügt er in 'Zukunft einer Illusion' hinzu, "darf es uns (...) um den Verzicht auf die historische Wahrheit bei rationeller Motivierung der Kulturvorschriften (...) nicht leid tun. Die Wahrheiten, die die religiösen Lehren enthalten" - zu denen auch die Mythen zu zählen sind - "sind doch so entstellt und systematisch verkleidet (...), daß es besser ist, die Mitteilungen solcher symbolischen Verschleierungen der Wahrheit zu unterlassen" (19). Eben deshalb nimmt er eine Recodierung des Ödipus-Mythos im Zeichen psychoanalytischer Aufklärung vor. Eben deshalb sucht er bei der Entschleierung des Ausgangsmythologems im 'Motiv der Kästchenwahl' nach dem rationellen Gehalt. Doch ohne der Dialektik der Aufklärung zu entkommen, in der die verdrängende Ratio selbst zum Träger der verdrängten religiösen Lehren wird, wie die auf die Konstellation Lear-Moira-Cordelia (oder Psyche) zugespitzte Interpretation des 'Motiv(s) der Kästchenwahl' zeigen wird.
In dieser Konstellation erhebt Freud Lear und seine drei Töchter nicht nur deshalb zum Paradigma des Ausgangsmythologems, weil er mit ihm die "subjektive Bedingung" teilt, sondern weil Lear seinerseits als heroischer Repräsentant der Vater-Position inmitten des Kulturzerfalls der beginnenden Moderne gelten kann. Ihre "zerstörenden Umwälzungen" folgen uns, wie Gloster bei Shakespeare sagt, "rastlos bis an unser Grab" (20). Der Versuch der Wieder-Geburt der Vater-Position durch das Opfer der Tochter, wie sie die Shakespeare'sche Konzeption vorsieht, kommt mit der Freud'schen Konzeption einer Tochter, die als das den Vater tötende Weib erscheint, wenige Jahre vor dem ersten Weltkrieg zur Deckung. Die systematische Voraussetzung dieser Verkehrung ist jedoch darin zu suchen, daß die "allgemeine menschliche Zwangsneurose", die Freud für die Religion diagnostiziert, in ihm partikularisiert zur "persönlichen Neurose" auftritt, soweit er selbst die "subjektive Bedingung" seiner Untersuchung ist. Die Verdrängung des mythischen

Zusammenhangs, innerhalb dessen er befangen und gefangen ist, gelingt ihm nicht zuletzt deshalb, weil es uns, wie er in 'Zukunft einer Illusion' bemerkt, bei der Rationalisierung der Kulturvorschriften der Religion "um den Verzicht auf die historische Wahrheit (...) nicht leid tun" darf. Die historische Wahrheit aber ist das weibliche Opfer: die Voraussetzung der Selbstvergöttlichung.
Dennoch bestimmt er die jeweils Dritte der drei Frauen, Bräute, Schwestern oder Töchter als eine Tote. Da sie stets durch das dritte Kästchen, das Kästchen aus Blei, symbolisch ersetzt wird. Die historische Wahrheit des Grabs, die dieses Kästchen ebenfalls repräsentiert, bleibt unerwähnt. Die übereinstimmenden Merkmale dieser Dritten sind die "Blässe" des Bleis, das "Sichverbergen" oder "Unauffindbarsein", und die "Stummheit". In dieser Stummheit sieht Freud "die Eigentümlichkeiten unserer Dritten (...) konzentriert" (21). Stummheit aber, "so sagt uns die Psychoanalyse (...), ist im Traume eine gebräuchliche Darstellung des Todes" (22). Damit ist diese Stummheit auf ihren rationellen Gehalt, auf den einer gebräuchlichen Darstellung des Todes, reduziert. Die Aspekte einer ungebräuchlichen historischen Wahrheit des Verstummens und Verschweigens, die mit der Opferposition dieser Dritten verbunden sein könnten, bleiben außer acht. Denn so wie dieser Tod mit keinem Grab verbunden wird, wird er auch mit keinem Totschweigen einer Getöteten zusammengebracht. Obwohl Freud für die Gleichung von Stummheit und Tod zwei Märchen anführt, in denen das Verstummen der Braut, Schwester oder Tochter zur Bedingung der "Wiederbelebung" ihrer Brüder oder Freier wird. Entgegen seiner eigenen Beweisführung nimmt Freud diesen zentralen Aspekt der Wieder-Geburt der Brüder oder Freier durch die Schwester oder Braut nicht auf. Stattdessen löst er ihre Opferposition aus der Verbindung mit Brüdern oder Freiern ab, in denen, da sie Söhne sind, die Vater-Position enthalten ist, und geht zur Interpretation der Schwestern-Dreiheit über, die sich scheinbar unabhängig zur Vater-Position verhält. Hiermit aber ist der Grund für die "kontradiktorische Ersetzung" der Opferposition der Dritten durch das den Vater tötende Weib gelegt: durch die Moira.
Denn da "die dritte (...) eine Tote ist (...) kann sie (...) auch etwas an-

deres sein, nämlich der Tod selbst, die Todesgöttin (...). Wenn aber die dritte der Schwestern die Todesgöttin ist, so kennen wir die Schwestern" (23). Freud hat sie, trotz ihrer Blässe, ihrem Unauffindbarsein und ihrer Stummheit, identifiziert: "es sind die Schicksalsschwestern, die Moiren oder Parzen (...), deren dritte Atropos heißt: die Unerbittliche". Sie ist die Moira schlechthin. Obwohl sie von Freud aus einer Toten hergeleitet wird, repräsentiert sie für ihn "die unpersönlichen Kräfte und Schicksale", an die "man nicht heran kann", die ewig fremd (bleiben) (24). Trotzdem er sonst im "Unheimlichen" des Fremden "wirklich (...) nichts (...) Fremdes, sondern etwas dem Seelenleben von alters her "Vertrautes" zu erkennen weiß (25). Selbst im 'Motiv der Kästchenwahl' spricht er wiederholt von "unserer Dritten", "unseren Schwestern". Wir wieder-erkennen sie in eben dem Augenblick, wo sie mit der ewig fremden Moira identifiziert werden, deren Fremdheit von Freud in keinem Zusammenhang damit gebracht wird, daß sie das Bekannte sein könnte, "das ihm durch den Prozeß der Verdrängung entfremdet worden ist" (26). Die Möglichkeit, daß diese unpersönlich und unerbittlich tötende Moira die Entfremdungsgestalt jener Toten sein könnte, "das ihm durch den Prozeß der Verdrängung entfremdet worden ist". Die Möglichkeit, daß die Entfremdungsgestalt jener Toten sein könnte, an der das Moment der Tötung gestrichen ist, wird von ihm nicht in Betracht gezogen. Die Verstummung um diese Tote als Getötete scheint Freud ebenso naturgegeben wie ihre Stummheit selbst, die für ihn das Hauptmerkmal des Totseins ist.

Mit dieser naturgegebenen Stummheit korrespondiert die "unbezwungene Natur" (27) der Moira, die nicht gesetzlose, sondern eigengesetzliche Natur ist. Keine Gesetzgebung eines Vater-Gottes vermag etwas gegen sie. Ihre Wirkungsweise gleicht dem Unbewußten. Doch obwohl die Beschäftigung mit dieser Wirkungsweise grundlegend für die Psychoanalyse ist, holt sich Freud "bei den Mythologen Belehrung über Rolle und Herkunft der Schicksalsgöttinnen" (28). Obwohl es ihm eben noch gelungen war, die Moira oder Moiren ohne die Mythologen aus der Reihe Stummheit-Tod-Todesgöttin-Schicksal herzuleiten. Wobei der Ausgangspunkt eine Tote war. Es drängt sich auf, daß die von den Mythologen geholte Beleh-

rung den "Umwegen" dienen soll, die Freud einschlägt, damit sie ihn "vielleicht zu einem Ziele führen" (29). Diesem Ziel folgend verschwindet Freud auf einem von den Mythologen gebahnten Umweg in den "Wolken". Dabei übertritt er seine eigene Forderung, daß die Mythen nicht "vom Himmel" herabzulesen seien, da sie vielmehr "auf den Himmel projiziert wurden, nachdem sie anderswo unter rein menschlichen Bedingungen entstanden waren" (30).
Diese Wolken sind vorerst noch die "Horen", obwohl Freud's Ziel die unentrinnbaren Moiren sind. Kaum genannt zerrinnen die Horen allerdings zu "Gottheiten der himmlischen Gewässer". Jetzt erst, nachdem sie zu "Regen und Tau" und wiederum zu Wolken geworden sind, scheinen sich diese Zerrinnenden auf etwas Unentrinnbares hin zu verdichten. Jetzt können sie "als Gespinst erfaßt werden". Obwohl sie noch immer die Horen sind, ergibt sich für "diese Göttinnen" nun "der Charakter der Spinnerinnen", der von Freud "dann an den Moiren fixiert wird" (31): in den Wolken. Trotzdem diese Spinnerinnen anderswo unter rein menschlichen Bedingungen entstanden sind. Bezogen auf sie wird Freud ausgerechnet eine Belehrung von den Mythologen seiner Zeit nicht erteilt. Die, daß die Schicksalsgöttin mit der Spindel identisch mit der Wiedergeburts-Göttin ist. Hätte Freud sich an Platon, statt an die Mythologen gewandt, er hätte diese Belehrung erhalten. Denn im letzten Kapitel seines 'Staates' konstruiert Platon aus der Verbindung von Moira und Spindel ein ins Kosmische vergrößertes Werkzeug: die Wiedergeburts-Spindel ganzer Generationen. Zwar sind Freud die platonischen Namen der Moiren - Klotho, Lachesis und Atropos - bekannt. Die aus diesen Namen folgende Belehrung aber scheint ihm unbekannt, die ihn, statt in die Wolken, zu den weiblichen Grundlagen eben der Kultur geführt hätte, die er durch die kulturvernichtende Moira in Frage gestellt sieht (32).
In dem Maß wie Freud die Opferposition der dritten durch die Moira kontradiktorisch ersetzt, ist sie, die Tötende, nicht nur die Durchstreichung der Getöteten, sondern ihr fehlen auch die Aspekte von Geburt und Wieder-Geburt. Stets auf der Spur des den Vater tötenden Weibes, läßt Freud die in der weiblichen Opferposition gegebene Ambivalenz von Tod und Wieder-Geburt außer acht, um ganz

dem Zusammenhang von kulturgegebenem Schicksal und naturgegebenem Tod zu folgen, den die Moira repräsentiert. Selbst eine Stumme, soweit sie die Verkehrung der Position der Dritten ist, wirkt sie "stumm" im Inneren der Individuen (33), deren Leben letztendlich nur ein "Umweg zum Tode" ist (34). Eine Rückkehr zur "unbelebten Materie", von der sie gekommen sind (35). In diesem Umweg zum Tode reflektiert sich Freud's mythologischer Umweg, der ihn zu den "Hüterinnen eines Naturgesetzes" führte, das "mit unabänderlicher Reihenfolge in der Natur das gleiche wiederkehren läßt" (36): die Horen. Das Immer-Gleiche aber, dessen Wiederkehr sie hüten, ist der Tod: die Moiren oder Moira. Sie ist "das unabwendbar Strenge des Gesetzes" der Natur "im Menschenleben": "die Beziehung zu Tod und Untergang" (37). Im vom Himmel auf die Erde projizierten "Naturmythos", der anderswo unter rein menschlichen Bedingungen entstanden ist, spricht sich schließlich doch noch der "Menschenmythos" aus: "als ob der Mensch den ganzen Ernst des Naturgesetzes erst dann empfände, wenn er ihm seine eigene Person unterordnen soll" (38). Die Reihe Tod-Todesgöttin-Schicksal, in der die Tote aufgrund ihrer Stummheit gestrichen ist, wird durch das vernichtende Naturgesetz perfekt. In dem Maß wie dieses Naturgesetz gleichzeitig mythisches Schicksal ist, bleibt keine Wahl. Schon gar nicht die eines Kästchens.

An diesem Punkt, wo keine Wahl bleibt, setzt Freud mit seiner analytischen Deutungsarbeit ein. Dabei stellt er einen vollkommenen Widerspruch zwischen seinem über den mythologischen Umweg gewonnenen Ergebnis und dem zugrundeliegenden Ausgangsmythologem fest. Dieser Widerspruch beruht nicht darauf, daß sich die Reihe Tod-Todesgöttin-Schicksal nicht mit der Dritten, soweit sie eine Tote ist, verbinden ließe: das vernichtende Naturgesetz erfaßt auch sie. Er beruht darauf, daß sie die Beste, Liebste, Schönste ist. Warum ist sie die Beste, Liebste, Schönste? Und: warum muß die Wahl immer auf sie, die Dritte, fallen? In der nach dem ersten Weltkrieg entstandenen Schrift 'Jenseits des Lustprinzips' greift Freud eine Stelle aus Tasso's "Gerusalemme liberate" auf, die ein signifikantes Beispiel für den bei der Wahl der Dritten wirksamen Wiederholungszwang ist. Freud nennt dieses Beispiel "die ergreifendste

Darstellung eines solchen Schicksalszuges". Der Held hat seine Geliebte, die in der Gestalt eines feindlichen Ritters auftritt, unwissentlich im Kampf getötet. Nach ihrem Begräbnis dringt er in den Zauberwald ein, der den Kreuzfahrern ein Schrecknis ist. Mit seinem Schwert "einen hohen Baum" zerhauend, setzt er sich gegen ihn zur Wehr. Da strömt Blut aus der Wunde des zerhauenen Baums und Clorinde's Stimme klagt, er habe "wiederum die Geliebte geschädigt" (39). Sie, die unwissentlich von ihm Getötete, war Teil dieser unbezwungenen, mit zauberischem Zwang wirkenden Natur geworden. Während der Held nicht bereit ist, seine Person dem Ernst dieses Naturgesetzes unterzuordnen, wird er im Augenblick seiner Auflehnung das Opfer der unpersönlichen und unheimlichen Moira dadurch, daß er die Geliebte noch einmal tötet. Sie ist für ihn in der ihr fremden Gestalt eines hohen Baums ebensowenig wiederzuerkennen, wie sie es als feindlicher Ritter war.

Auch Freud bemerkt im 'Motiv der Kästchenwahl' nicht, daß das den Vater tötende Weib, die Moira, stattdessen die vom Vater Getötete ist. In Tasso's Held wiederholt sich die Vater-Position unter einem Zwang, der ihm selbst undurchschaubar ist. Sowohl ihm wie Freud bleibt die historische Wahrheit des weiblichen Opfers seit jenem Augenblick entzogen, in dem sich Ödipus - angesichts des Opfers von Iokaste - die Augen aussticht. Eben deshalb projiziert Freud diesen Wiederholungszwang "unbewußt" auf die Moira, die das unabwendbar Strenge des Gesetzes im Menschenleben repräsentiert: die Beziehung zu Tod und Untergang. Sie ist es, die den Wiederholungszwang verhängt, aufgrund dessen die Kästchenwahl stets auf die Dritte, die Beste, Liebste, Schönste fallen muß, während sie gleichzeitig selber wählt: als Tod-Todesgöttin-Schicksal. Ein "vollkommener Widerspruch", der dennoch zugleich keiner ist. Aufgrund der Perfektionierung jener Reihe durch das vernichtende Naturgesetz, angesichts dessen keine Wahl bleibt.

Weil das vernichtende Naturgesetz die Voraussetzung der Freud'schen Interpretation ist, versucht er jenen vollkommenen Widerspruch zwischen der Toten - der Liebsten, Besten, Schönsten - und der Tötenden - der Moira - zu beseitigen, was ihm kein Problem zu sein scheint. Denn "Widersprüche einer gewissen Art" oder "Ersetzungen durch das volle kontradiktorische Gegenteil bereiten der analytischen Deutungsarbeit keine ernste Schwierigkeit" (40). Da es sich bei diesen Ersetzungen um "sogenannte Reaktionsbildungen" im "Seelenleben" handelt (41). Deshalb ist die Schöpfung der Moiren (...) der Erfolg einer Einsicht, welche den Menschen mahnt, auch er sei ein Stück Natur und darum dem unabänderlichen Gesetz des Todes unterworfen" (42). So "lehnte sich denn seine Phantasie gegen die im Moirenmythos verkörperte Einsicht auf und schuf den davon *abgeleiteten* (Hervorhebung G.T.D.) Mythos, in dem die Todesgöttin durch die Liebesgöttin (...) ersetzt ist" (43). Nachdem Freud die Tote durch die Tötende ersetzt hat, was ihn mit jenem vollkommenen Widerspruch konfrontierte, nimmt er jetzt, zwecks seiner Beseitigung, eine weitere Ersetzung vor, in der die Liebesgöttin an die Stelle der Todesgöttin tritt. Doch ohne daß ihr abgeleiteter Mythos etwas gegen das unabänderliche Gesetz des Todes oder der Moira vermag. Womit der vollkommene Widerspruch an sich beseitigt wäre. Doch da er in der Schöpfung der Moiren selber verborgen ist, soweit sie an die Stelle des weiblichen Opfers tritt, wirkt er fort. Der sich auflehnende Mensch, den Freud der Schöpfung der Moiren entgegenstellt, muß notwendig die Position von Tasso's Held wiederholen, der die Geliebte noch einmal tötet, während er das vernichtende Naturgesetz des Zauberwaldes bekämpft. Auch Freud entkommt dieser Wiederholung aufgrund seines gegen den Kulturzerfall der Zeit gerichteten Heroismus nicht: indem er diesen Kulturzerfall auf die Moira projiziert, tötet er die Geliebte noch einmal dadurch, daß er die Liebesgöttin zum abgeleiteten Mythos erklärt, dessen Fiktion nichts über diesen Kulturzerfall vermag.

Der doppelten Ersetzung, aus der diese Fiktion resultiert, liegt zum einen das Sträuben gegen die historische Wahrheit des weiblichen Opfers zugrunde. Andererseits aber tritt dieses Sträuben als heroische Auflehnung gegen die im Moirenmythos verkörperte Einsicht auf, daß der Mensch dem unabänderlichen Gesetz des Todes unterworfen ist. Dieses Sträuben, das sowohl flucht wie Auflehnung ist, ist von Freud's Umweg in die Wolken nicht zu trennen, auf dem er diese Einsicht in ein vernichtendes Naturgesetz gewann, das anderswo unter rein menschlichen Bedingungen als ein gegen den Tod gerichteter Opfer-Mythos entstanden ist. Je weiter er seine analytische Deutungsarbeit treibt, desto mehr gerät er unter den zwangsneurotischen Bann von Flucht und Auflehnung, der nicht nur Tasso's Helden, sondern auch Ödipus kennzeichnet. Je mehr er Verzicht auf die historische Wahrheit der symbolischen Verschleierungen der Religion zu leisten versucht, desto mehr verfällt er ihnen.

Durch jene Ersetzung der Moira durch die Liebesgöttin, die Freud ausgehend davon, daß "Widersprüche (...) einer gewissen Art (...) der analytischen Deutungsarbeit keine ernste Schwierigkeiten" bereiten (44), als "technisch keineswegs schwer" bezeichnet hat (45), diese "Ersetzung (...) war", so stellt er fest, "durch eine alte Ambivalenz vorbereitet", die sich "längs eines uralten Zusammenhangs (vollzog)", innerhalb dessen "die Liebesgöttin (...) einst mit der Todesgöttin identisch gewesen ist" (46). Er greift hinter die von ihm selbst vorgenommene Ersetzung der Getöteten durch die Tötende zurück, um den abgeleiteten Mythos der Liebesgöttin nun wiederum mit der Opferposition der Dritten zu verbinden, aus der jene alte Ambivalenz des uralten Zusammenhangs von Liebe und Tod resultiert. Dieser Rückgriff schließt allerdings nicht ein, daß Freud diese Opferposition realisiert. Hat er doch bereits anfangs an der Dritten sowohl das Grab, wie die mythische Verbindung mit Vater, Brüdern, Freiern unterschlagen: ebenso negierte er an der so gewonnenen Schwestern-Dreiheit den Aspekt der Wiedergeburt. Erst aufgrund dieser Verdrängungsleistungen gelingt ihm die Zerlegung der "uralten Identität" (47) von Liebes- und Todesgöttin bis zu dem Punkt, wo er den Moirenmythos zum "ursprünglichen", den Mythos der Liebesgöttin zum "abgeleiteten" im Sinne des Wunschgegenteils erklären kann. Ja, er geht so weit, ihn als einen "Triumph der Wunscherfüllung" zu feiern. Doch in dem Maß wie ihm keine psychische Realität zukommt, läßt das Motiv der Kästchen nur den Schein der freien Wahl zu. Denn "man wählt dort, wo man in Wirklichkeit dem Zwange gehorcht" (48).

Man wählt die Schönste und Begehrenswerteste" und erhält, aufgrund des in dieser Wahl wirksamen Wiederholungszwangs, "die

Schreckliche": das Weib als unentrinnbares Schicksal des Helden. Und so wie die Moira über den Göttern und über den Zeiten in jenem ewig fremden Außerhalb steht, so setzt sich dieser Wiederholungszwang im Inneren "über das Lustprinzip hinaus" (49); trotz des Triumphs der Wunscherfüllung. So daß die Liebesgöttin letztendlich zur "unwahrscheinlichen Steigerung", oder aber zur "Entstellung" des ursprünglichen Mythos der Moira wird. Die alte Ambivalenz der uralten Identität von Liebes- und Todesgöttin, für die Freud nicht nur Persephone und Aphrodite, sondern auch die "großen Muttergottheiten der orientalischen Völker" als Beispiel zitiert (50), scheint endgültig aufgelöst. Gleichzeitig aber setzt sie sich noch in der kontradiktorischen Ersetzung der einen durch die andere fort. Denn je mehr Freud von dieser alten, aus der weiblichen Opferposition hervorgehenden Ambivalenz abzusehen versucht, desto intensiver sieht er hin. Bis er "bei (noch) näherem Zusehen" konstatiert, "daß die Entstellungen des ursprünglichen Mythos nicht gründlich genug sind, um sich nicht durch Resterscheinungen zu verraten". Insofern "die Schönste und Beste, welche anstelle der Todesgöttin getreten ist, Züge behalten (hat), die an das Unheimliche streifen, so daß wir aus ihnen das Verborgene erraten konnten" (51).
Welches Verborgene konnten wir erraten? Obwohl Freud im Perfekt spricht, als ob er es schon gesagt habe, bleibt es ungesagt. Dabei weicht er nicht in die Wolken, sondern in die Fußnote aus. Hier stellt er ausschließlich in der Form des Zitats das erratene Verborgene vor. Doch ohne es zu verraten. Da seine "Beziehung auf die Verdrängung" nach Freud's Worten die ist, daß es "hätte im Verborgenen bleiben sollen, (aber) hervorgetreten ist" (52). In der Fußnote wird Psyche als Totenbraut erwähnt. Doch greift Freud ihren Mythos bei Apuleius (53) nicht direkt, sondern vermittelt über einen "Gewährsmann" auf. Er zitiert Otto Rank, der feststellt, daß sie "reichlich Züge bewahrt (hat), welche an ihre Beziehung zum Tode mahnen. Ihre Hochzeit wird gerüstet wie eine Leichenfeier, sie muß in die Unterwelt hinabsteigen und versinkt nachher in einen totenähnlichen Schlaf"; zur Bedeutung der Psyche als "Braut des Todes" verweist Freud auf einen weiteren Gewährsmann: auf Zinzow (54). Er selbst enthält sich der Stimme, so daß sich die Frage stellt, ob

Freud das Verborgene nur deshalb nicht verrät, weil er keineswegs erraten hat, daß Psyche das weibliche Opfer ist, das sich in dieser Braut des Todes - und damit im Inzest zwischen Mutter und Sohn - verbirgt?
Als Freud, aus der Unterwelt der Fußnote aufsteigend, wieder die Ebene des Textes betritt, präsentiert er eine letzte Szene: "Lear trägt den Leichnam der Cordelia auf die Bühne" (55). Eine Szene, wie sie bei Shakespeare steht, in dessen Konzeption Cordelia eine Reinkarnation der Totenbraut darstellt. Sie ist, wie Psyche, die jüngste der drei Schwestern, in denen Freud die "subjektive Bedingung" seiner drei Töchter wiedererkannte. Je näher er Cordelia's Opfer kommt, desto mehr sträubt er sich: bis er ihre Position in die der Moira umdreht. Denn ihm ist als "ginge beim Dichter" in dieser Szene "eine Reduktion des Motivs auf den ursprünglichen Mythos vor sich (...). Durch diese Reduktion der Entstellung, die teilweise Rückkehr zum Ursprünglichen, erziele (er) die tiefere Wirkung, die er bei uns erzeugt" (56), deren Effekt Freud's Einsicht ist: "Cordelia ist der Tod" (57). Bei Shakespeare ist sie eine Getötete (58), was Freud nicht zur Kenntnis nimmt. Wie aber wird die Getötete in seiner Interpretation zur Tötenden? Freud: "Wenn man die Situation umkehrt" - er meint die Situation, daß Lear Cordelia auf die Bühne trägt - "dann wird sie uns verständlich und vertraut" (59). Sie war uns vorher unverständlich, unvertraut? Sie trug die Züge des Unheimlichen, an dem die Vorsilbe "un" die Marke der Verdrängung ist? Nachdem Freud die Situation umgekehrt hat, ist Cordelia "die Todesgöttin, die den gestorbenen Helden vom Kampfplatz wegträgt" (60). Er hat die Psyche-Position der Cordelia durch die der Moira ersetzt, deren "Schöpfung (...) der Erfolg einer Einsicht (ist), welche den Menschen mahnt, auch er sei ein Stück Natur und darum dem unabänderlichen Gesetz des Todes unterworfen" (61).
Doch noch im Bild, daß nicht Lear es ist, der Cordelia, sondern daß sie es ist, die Todesgöttin, die den Helden vom Kampfplatz wegträgt, spricht sich das Verborgene aus. Ob Freud es erraten hat, oder nicht. "Es" spricht sich aus, indem er ein gleiches Bild für seinen eigenen Tod entwirft, dem er "eine flächenhafte, allegorische Deutung der drei Frauengestalten des Motivs (der Kästchenwahl,

G.T.D.) vorausschickt: "Man könnte sagen, es seien die drei für den Mann unvermeidlichen Beziehungen zum Weibe, die hier dargestellt sind: Die Gebärerin, die Genossin und die Verderberin. Oder die drei Formen, zu denen sich ihm das Bild der Mutter im Laufe des Lebens wandelt: die Mutter selbst, die Geliebte, die er nach deren Ebenbild gewählt, und zuletzt die Mutter Erde, die ihn wieder aufnimmt. Der alte Mann aber hascht vergebens nach der Liebe des Weibes, wie er sie zuerst von der Mutter empfangen; nur die dritte der Schicksalsfrauen, die schweigsame Todesgöttin, wird ihn in ihre Arme nehmen" (62). Sie ist mit seiner dritten Tochter identisch. Ihre mit der Geliebten konvergierende Mutter-Tochter-Position wird, gleich der Psyche-Position der Cordelia, durch die Moira oder die Verderberin ersetzt. Dabei wird die Todesgöttin, die die Liebe des Weibes verdrängt, selbst zur Trägerin des Verdrängten. Denn das Bild, daß sie den Helden vom Kampfplatz wegträgt, repräsentiert ebenso die Selbstvergöttlichung oder Apotheose, wie dies für die Totenhochzeit gilt: für die Wieder-Geburt des Sohnes als Vater.

Shakespeare leistet auf die historische Wahrheit dieser symbolischen Verschleierungen noch keinen Verzicht. Denn der sterbende Lear ist bei ihm wie ein "Bräutigam phantastisch mit Blumen und Blättern" geschmückt. Er schläft. Cordelia küßt ihn. Lear: "s'ist Unrecht, daß ihr aus dem Grab mich nehmt". Zu Cordelia gewendet: "du bist ein sel'ger Geist (...) wann starbst du?" (63) Und, nachdem Edmund die Verhaftung beider ausgesprochen hat (64), Lear zu Cordelia: "Komm (...) zum Kerker (oder Kästchen, G.T.D.), fort! da laß uns singen wie Vögel in einem Käfig (...) so woll'n wir leben (...) Märchen uns erzählen (...) (wir) tun so tief geheimnisvoll, als wären wir Propheten der Gottheit (...) Opfer (...) Cordelia (...) Hab ich dich?" (65) Als Lear Cordelia tot auf die Bühne trägt, sagt er zu den Umstehenden: "Ich bitt euch, knöpft hier auf (...) seht ihr dies? Seht sie an!- seht ihre Lippen, seht hier - seht hier!" (Er stirbt) (66). Sein letzter Blick gilt dem "Eingang zur alten Heimat des Menschenkindes, zur Örtlichkeit, in der jeder einmal und zuerst geweilt hat" (67): er gilt dem Kästchen, dem "weiblichen Genitale" (68). Sterbend verzichtet Lear auf die Liebe des Weibes nicht, was auch Freud konstatiert. Doch eben deshalb nimmt er eine letzte Ersetzung vor. Durch die "ewige Weisheit im Gewande des uralten Mythos" rät er "dem alten Manne", in dem er sich selbst und seine "subjektive Bedingung" wiedererkannt hat, "der Liebe zu entsagen, den Tod zu wählen": da keine Wahl bleibt (69); je mehr sich die Abwendung von der Religion mit der schicksalsmäßigen Unerbittlichkeit eines Wachstumsprozesses vollzieht, auch nicht die eines Kästchens. Obwohl es vorerst weiterhin die Grundlage der aus dem Ödipus-Komplex resultierenden Kulturleistungen ist, die Freud durch dieses Kästchen in Frage gestellt sieht. Da es in seiner Interpretation das den Vater tötende Weib, die kulturvernichtende Moira enthält, die jedoch gleichzeitig das für diese Kultur konstitutive Opfer ist. In diesem Sinn kann der Psyche-Mythos, dem Freud so gut wie keine Aufmerksamkeit gewidmet hat, erhellend für den Ödipus-Mythos sein. Und zwar an dem Punkt, wo Ödipus sich die Augen aussticht.

Anmerkungen
1 S. Freud, Das Motiv der Kästchenwahl, in: Studienausgabe Bd. X, Ffm. 1969. Zum Psyche-Mythos selbst, s. vor allem: Apuleius, Der goldene Esel, München 1980, S.159 ff (= Das Märchen von Amor und Psyche). Vgl. dazu auch alle Märchen, die sich um das Aschenputtel-Motiv zentrieren (diese Angabe findet sich auch bei Freud im 'Motiv der Kästchenwahl', S.185ff und S.191, Anmerkung 1f).
2 S. Freud, Totem und Tabu, Gesammelte Werke, Bd. IX, Ffm. 1955ff.
3 ebda. S.172 und S.188.
4 S. Freud, Zukunft einer Illusion, GW, Bd. XIV, Ffm. 1955ff, S.367.
5 S. Freud, Totem und Tabu, a.a.O., S.185.
6 S. Freud, Massenpsychologie und Ich-Analyse, GW, Bd. XIII, 1955ff, S.152
7 Vgl. S. Freud, Zukunft einer Illusion, a.a.O. S.337: "Die Kultur ... macht nicht etwa halt in der Erniedrigung ihrer Aufgabe, den Menschen gegen die Natur zu verteidigen, sie setzt sie ... mit anderen Mitteln fort".
8 ebda. S.339.
9 ebda. S.338.
10 S. Freud, Totem und Tabu, a.a.O., S.182. Vgl. zu diesen resultativ angesprochenen Fragen Gerburg Treusch-Dieter, Analyse des Demeter-Kore-Mythos. Zur Dramaturgie des bewilligten Raubes, in: "Mythos Frau", hrsg. von B. Schaeffer-Hegel und B. Wartmann, Berlin 1984, S.176ff. Vgl. außerdem G. Treusch-Dieter, Das Märchen von Amor und Psyche, in: Manuskripte, Zeitschrift f. Literatur 83/84, hrsg.

Alfred Kolleritsch, S.124ff.
11 S. Freud, Das Motiv etc., a.a.O., S. 184.
12 Artemidor von Daldis, Das Traumbuch, München 1979.
13 ebda. 2. Buch, Kapitel 61.
14 S. Freud, Das Motiv etc. a.a.O., edit. Vorbemerkung, S.182. Der Brief an Ferenczi ist vom 7.7.1913.
15 ebda. S.192.
16 ebda. S.185.
17 S. Freud, Zukunft etc., a.a.O., S.367.
18 ebda.
19 ebda. S.368.
20 William Shakespeare, König Lear, Werke in 2 Bänden, Bd. II, München 1958, I. Akt, 2. Szene (S.247).
21 S. Freud, Motiv etc., a.a.O., S.186.
22 ebda.
23 ebda. S.188.
24 S. Freud, Zukunft etc., a.a.O., S.338.
25 S. Freud, Das Unheimliche, in: Studienausgabe, Bd. IV, Ffm. 1972, S.264.
26 ebda.
27 S. Freud etc., a.a.O., S.337.
28 S. Freud, Motiv etc., a.a.O., S.188.
29 ebda. S.185.
30 ebda. S.184.
31 ebda. S.189.
32 Platon, Politeia, Sämtl. Werke, Bd. 3, Hamburg 1958, 614a ff. Vgl. zu den 3 Spinnerinnen und zur Konstruktion der "Spindel der Notwendigkeit" bei Platon auch: Gerburg Treusch-Dieter, Wie den Frauen der Faden aus der Hand genommen wurde. Die Spindel der Notwendigkeit, Berlin 1983. Und diess.: "Die Spindel der Notwendigkeit. Zur Geschichte eines Paradigmas weiblicher Produktivität", unveröff. Diss., Hannover 1985.
33 S. Freud, Das Unbehagen in der Kultur, GW, Bd. XIV, Ffm., 1955 ff, S.478.
34 Vgl. S. Freud, Jenseits des Lustprinzips, GW, Bd. XIII, Ffm, 1955 ff, S.40.
35 vgl. ebda.
36 S. Freud, Motiv etc., a.a.O., S.189.
37 ebda.
38 ebda. S.190.
39 S. Freud, Jenseits etc., a.a.O., S.21.
40 S. Freud, Motiv etc., a.a.O., S.190.
41 ebda.
42 ebda.
43 ebda. S.190-191.
44 ebda.
45 ebda. S.191.
46 ebda.
47 ebda.
48 ebda.
49 S. Freud, Jenseits etc., a.a.O., S.21.
50 S. Freud, Motiv etc., a.a.O., S.191.

51 ebda.
52 S. Freud, Das Unheimliche, a.a.O., S.264.
53 Apuleius, Der goldene Esel, München 1980, S.159 ff (vgl. A.10).
54 S. Freud, Motiv etc., a.a.O., S.191, A.1.
55 ebda. S.193.
56 ebda. S. 192.
57 ebda. S. 193.
58 W. Shakespeare, König Lear, a.a.O., V. Akt, 3. Szene (S.317).
59 S. Freud, Motiv etc., a.a.O., S.193.
60 ebda.
61 vgl. A.42.
62 S. Freud, Motiv etc., a.a.O., S. 193.
63 W. Shakespeare, König Lear, a.a.O., IV. Akt, 7. Szene (S.306).
64 ebda. V. Akt, 3. Szene (S.310).
65 ebda.
66 ebda. S.318.
67 S. Freud, Das Unheimliche, a.a.O., S.267.
68 ebda. (dazu A.13).
69 S. Freud, Motiv etc., a.a.O., S.192-193.

Über die Autorinnen

Luce Irigaray, Psychoanalytikerin und Linguistin; Lehrtätigkeiten an verschiedenen Universitäten in Frankreich, Niederlanden und Italien; lebt in Paris.

Edith Seifert, Psachoanalytikerin und Psychoanalyse-Forscherin, lebt in Berlin.

Marianne Schuller, Professorin für Literaturwissenschaft an der Universität Hamburg.

Eva Meyer, Philosophin; Lehrbeauftragte an verschiedenen Universitäten im In- und Ausland; lebt in Berlin.

Alexandra Pätzold, geb. 1943, Promotion in Kunstgeschichte, Lehrbeauftragte und Ausbilderin Klientenzentrierter Gesprächsführung (GwG) in Frankfurt.

Die Reihe Materialienband -
Inhalt der Bände 1 - 5

Band 1
Christel Eckart: Töchter in der 'vaterlosen Gesellschaft'. Das Vorbild des Vaters als Sackgasse zur Autonomie. / Ulrike Schmauch: Entdämonisierung der Männer - eine gefährliche Wende in der Frauenbewegung? / Dörthe Jung: Körper-Macht-Spiele. Unökonomische Gedanken zu weiblichen und männlichen Körper-Präsentationen in öffentlichen Räumen / Ulrike Teubner: Zur Frage der Aneignung von Technik und Natur durch Frauen - oder der Versuch, gegen die Dichotomien zu denken / Barbara Rendtorff: Macht und Ohnmacht - Liebe und Kampf zwischen Müttern und Kindern

Band 2
Käthe Trettin: Über das Suspekte am neuen Ethik-Interesse: Anmerkungen zu Luce Irigaray / Mechthild Zeul: Warum war 'Kramer gegen Kramer' ein Publikumserfolg? Versuch einer psychoanalytischen Deutung / Ulrike Prokop: Die Freundschaft zwischen Katharina Elisabeth Goethe und Bettina Brentano - Aspekte weiblicher Tradition / Barbara Köster: Weiblicher Masochismus

Band 3
Ulrike Schmauch: Frauenbewegung und Psychoanalyse - öffentliche und verborgene Seiten einer schwierigen Beziehung / Karin Windaus-Walser: Antisemitismus - eine Männerkrankheit?? Zum feministischen Umgang mit dem Nationalsozialismus / Heide Moldenhauer: Frauen und Architektur / Barbara Rendtorff: Der gute Mensch Frau - Zum Wesen und Unwesen von Frauen und unserer frauenbewegten Ideologie / Ellen Reinke: Psychoanalytische und sozialstrukturelle Überlegungen zum Abwehrnodus der 'altruistischen Abtretung: Minni Tipp und Anna Freud gewidmet

Band 4
Regina Dackweiler: "Dienende Herzen" - Schriftstellerinnen des Nationalsozialismus / Mechthild Zeul: Der Abwehrcharakter des Penisneids und seine Bedeutung für das sexuelle und soziale Verhalten der Frau: ein klinischer Beitrag / Barbara Holland-Cunz: Reform - Revolution - Wandel. Transformationsvorstellungen in der feministischen Theorie / Gisela Wülffing: In der Wildnis der Differenz-ohne gesichertes Hinterland / Pia Schmid: Säugling-Seide-Siff. Frauenleben in Berlin um 1800

Band 5
Vorträge von Luisa Muraro: Der Begriff der weiblichen Genealogie / Die symbolische Ordnung der Mutter / Die Passion der Geschlechterdifferenz

Bestellung

Hiermit bestelle ich aus der Reihe 'Materialienband' Band Nr.:..........
gegen Rechnung.

Name: ....

Adresse: ....

....

Datum und Unterschrift: ....

Abonnement-Vordruck

Ich möchte die Reihe 'Materialienband' abonnieren. Jeder Band wird mir nach Erscheinen zugeschickt, Rechnung anbei.

Name: ....

Adresse: ....

....

Datum und Unterschrift: ....
(Widerruf des Abos bitte schriftlich an uns)